# 반일 종족주의, 무엇이 문제인가

**일러두기**

● 이 책은 《오마이뉴스》 〈반일 종족주의를 말하다〉에 2019년 8월부터 2020년 1월까지 연재된 글을 모아 펴냈다.

● 본문에 나오는 외래어는 국립국어원 외래어 표기법에 따라 표기했다.

● 단행본, 신문, 잡지 등은 《 》, 논문, 단편소설, 작품명 등은 〈 〉로 표시했다.

# 반일 종족주의, 무엇이 문제인가

역사를 바로잡기 위한 《반일 종족주의》 비판

김종성 지음

위즈덤하우스

# 이영훈이 쏘아 올린 한 권의 책

●

2019년 7월 10일, 대표적인 뉴라이트(신우익) 학자인 이영훈 전 서울대학교 경제학과 교수가 한 권의 책을 내놓았다. 일제 식민지배에 대한 뉴라이트의 입장을 다섯 명의 공저자와 함께 정리한《반일 종족주의》다. 그간 유튜브 방송에서 했던 이야기들을 대중용으로 편집해서 펴냈다.

서울대학교 정년퇴임 뒤 이승만학당을 운영 중인 이영훈과 함께 책을 집필한 학자들은 김낙년 동국대학교 경제학과 교수,《조선일보》기자를 지낸 김용삼 이승만학당 교사, 대한민국학예연구실장을 지낸 주익종 이승만학당 교사, 정안기 서울대학교 객원연구원, 규슈대학교 객원교수를 지낸 이우연 낙성대경제연구소 연구위원이다. 이들에 관한 상세한 정보는 본문 중간중간에 소개하고자 한다.

본문에서 자세히 설명하겠지만,《반일 종족주의》는 일제 식민통치에 관한 객관적 진실에 도전하는 책이다. 역사적 진실과 상반되는 주장들이 대거 수록되어 있다. 식민 치하에서 우리 민족이 입은 피해와 상처에 대해서도 그런 주장들이 등장한다. 독도와 관련해서도 단호하게 일본의 주장을 지지하고 있다. 이 책은 독도에 대한 한국인들의 태도를 '반일 종족주의의 최고 상징'으로 평가한다.

만약 별다른 사건이 없었다면,《반일 종족주의》는 7, 8월의 푹푹 찌는 무더위 속에 서점 창고에 수북이 쌓여 있었을지도 모른다. 일본과 식민통치를 미화하는 친일보수 지식인들의 그렇고 그런 책으로 묻혔을 수도 있다. 하지만 대통령 민정수석비서관을 그만두고 법무부장관 지명을 기다리고 있던 조국 전 서울대학교 교수가 8월 5일 페이스북에 남긴 비판 글이 언론에 대서 특필되면서《반일 종족주의》는 한여름 태양만큼 강렬한 관심의 대상으로 떠올랐다.

페이스북에서 조국은 "이하의 주장을 공개적으로 제기하는 학자, 이에 동조하는 일부 정치인과 기자를 '부역·매국 친일파'라는 호칭 외 무엇이라고 불러야 하는지 나는 알지 못한다"는 말로 비판의 포문을 열었다. 그는 "대한민국이라는 민주공화국의 정통성과 존립 근거를 부정하고 일본 정부의 주장을 앵무새처럼 반복하는 언동도 표현의 자유라고 인정하자"면서 "정치적 민주주의가 안착된 한국 사회에서는 헌법 정신을 부정하는 이러한 내용을 담은 책조차도 이적표현물로 규정되어 판금되지 않는다"고 말했다. 그러면서 "이들이 이런 구역질 나는 내용의 책을 낼 자유가 있다면, 시민은 이들을 친일파라 부를 자유가 있다"고 비판했다.

이에 맞서 《반일 종족주의》의 저자 6인은 8월 20일 고소장을 제출했다. 조국이 책도 읽지 않고 신문 서평만 본 채 자신들을 부역·매국 친일파로 불렀다면서 형법상의 모욕죄로 고발했다. 이렇게 조국의 비판과 이영훈 등의 고소가 맞물리면서 이 책은 폭발적 관심을 일으키며 베스트셀러의 반열에 올라섰다.

그런데 책 제목이 좀 고약하다. 이영훈 교수는 '반일 민족주의'가 아닌 '반일 종족주의'라는 자극적인 표현을 사용했다. 굳이 이 표현을 쓴 이유는 《반일 종족주의》 〈프롤로그〉에 나타난다. 그는 한국의 민족주의는 서양에서 발흥한 민족주의와 다르다고 말한다. 서양의 민족주의는 자유롭고 독립적인 개인이 전제되어 있는데 반해, 한국의 민족주의에는 그런 것이 없다고 말한다. 한국 민족은 그 자체로 하나의 집단이며, 하나의 권위이며, 하나의 신분이라고 말한다. 한국 민족주의가 파쇼나 나치 같은 전체주의적 일체화의 단계에 올라서 있다고 본 것이다. "그래서 차라리 종족이라 함이 옳습니다"라고 그는 말한다.

그는 한국 민족주의가 특히 일본을 겨냥하고 있다고 말한다. 이웃 일본을 "세세歲歲의 원수", 즉 누대의 원수로 적대하는 집단 심성이라고 말한다. 이것이 한국 사회를 썩게 만드는 근원이라는 게 그의 판단이다. 대한민국 위기의 근원이 거기 있다는 것이다. '대한민국 위기의 근원'이란 표현은 이 책의 부제목이기도 하다. 이 사회를 좀먹는 온갖 거짓말이 일본을 미워하는 그 같은 집단 심성에서 비롯되고 있다고 말한다. 그래서 반일 민족주의가 아니라 반일 종족주의로 부를 수밖에 없다는 게 그의 주장이다.

　대표 저자인 경제학자 이영훈은 안병직 서울대학교 명예교수와 더불어 식민지 근대화론을 대표하는 학자다. 일제 식민지배가 한반도 경제발전에 도움이 되었다는 지론을 펴고 있다. 그는 경제학적 방법론을 동원해 자신의 주장을 입증하는 데 오랜 세월을 공들여왔다. 또 그는 임시정부와 대한민국의 연관성을 부정하는 건국절 논란도 일으켰다. 1948년 8월 15일, 임시정부를 계승하는 '대한민국정부'가 수립된 게 아니라, 임시정부와 무관한 '대한민국'이 건국되었다는 게 그의 주장이다. 임시정부의 바탕인 3·1운동을 대한민국의 법통에서 분리하는 동시에, 임시정부 세력을 이끌고 분단 반대를 외친 백범 김구의 남북통합을 부정하는 주장이다.

　《반일 종족주의》는 단순히 일제 식민지배를 미화하는 책에 그치지 않는다. 이 속에는 한국 사회의 진보를 저지하는 뉴라이트의 논리가 담겨 있다. 그러므로 황당하다면서 우스운 책으로 치부해서는 안 된다. 그들을 움직이는 논리들이 담겨 있기 때문이다. 《반일 종족주의》를 속속들이 살펴보면서 비판하는 이 책은 뉴라이트를 이해하고 그들에게 이기는 방법을 배우는 기회가 될 것이다.

# 차례

**제3부** ██ **역사를 왜곡하는 잘못된 프레임** ██

독도, 강제징용, 청구권협정, 토지 및 쌀 수탈에 관한 황당한 이론

**제4부** ██ **누구를 위한 반일 종족주의인가** ██

일제강점을 합리화하는 뉴라이트의 의도

제1부

# 그들만의 논리, 그들만의 대한민국

《반일 종족주의》는 왜 문제작인가

# 1

## 《반일 종족주의》에 대한 경계의 목소리들

●

산성을 쌓아놓고 침략군을 방어했던 고대 한국의 전쟁에서 정말
로 위험한 것은 성 밖의 적군이 아니었다. 비탈지고 나무가 많은
산에서는 외국 기마부대가 기량을 발휘하기 힘들었다. 아군 병력
이 소수일지라도 성벽만 뚫리지만 않는다면, 외국 군대가 보급 문
제 때문에라도 얼마 있다가 철수할 수밖에 없었다. 수많은 외침을
당한 한민족이 웬만한 전투에서 대개 다 승리했던 핵심 비결 중 하
나가 바로 이것이다.

　그래서 성 밖의 적군은 무섭지 않았다. 정말로 무서운 것은 따로
있었다. 적군과 내응하는 성 안의 아군이었다. 성 안의 불만 세력
이 적군의 지원금이나 관직 약속을 받고 반란을 일으켜 성문을 열
어줄 경우, 모든 게 한순간 무너져 내려앉을 수밖에 없었다. 성문

이 열리면 소수의 아군이 다수의 적군을 상대하기가 힘들었다. 그때는 중과부적으로 인해 와해될 수밖에 없다.

2016년 촛불혁명으로 헤게모니를 상실한 뉴라이트도 지금 그런 꿈을 꾸고 있다. '성 밖'에서 '적군 총사령관' 아베 신소安倍晋三가 아직 포탄까지는 쏘고 있지 않지만 북을 울려대며 화살 세례를 퍼붓고 있다. 이런 상황에서, 일본 기업과 단체의 지원금을 받는 '성 안'의 뉴라이트들이《반일 종족주의》깃발을 내걸고 소동을 일으키고 있다. 적전분열을 시도하고 있는 것이다. 그런 이유로 이영훈을 비롯해 낙성대경제연구소와 이승만학당 등에 포진한 뉴라이트들을 경계하는 우려의 목소리가 매우 높다.

《반일 종족주의》내용을 본격적으로 다루기에 앞서, 이 책에 대한 그 같은 목소리들을 잠깐 들어보고 넘어가고자 한다. 국군의 날인 2019년 10월 1일, 서울 용산구 청파동의 식민지역사박물관 돌모루홀을 가득 채운 가운데 열린 '반일 종족주의 긴급진단: 역사부정을 논박한다' 세미나도 그런 목소리들로 뜨거웠다. 이날의 세미나로 돌아가보기로 한다.

민족문제연구소와 일본군위안부연구회가 공동 주최한 이 세미나에서 민족문제연구소 이사장인 함세웅 신부가 인사말을 했다. 그는 "나라를 팔아먹은 이완용 같은 제2의 매국노들이 지금도 여전히 활개를 치고 있다"고 말했다. 그러면서 "우리가 건강하면 암적인 요소를 물리칠 수 있지만, 우리가 약하면 박테리아·바이러스나 암적인 요소들이 활개를 치는 것"이라며 뉴라이트에 대한 경계심을 촉구했다.

인사말에 이어 첫 번째 발표자로 나선 김민철 경희대학교 후마니타스칼리지 교수는 뉴라이트들이 일본 극우파를 답습하는 방법으로 한국 사회를 공격하고 있다면서 경각심을 가질 것을 촉구했다. 아래의 '역사 부정론'은 일본의 전쟁범죄에 관한 기존 역사를 부정하는 극우파의 이른바 '역사 수정론'을 지칭한다. 그는 다음과 같이 말했다.

2000년대 초 일본에서 이른바 자유주의 사관론자라 자칭하는 극우 지식인들이 기존의 역사교과서를 '자학 사학'에 빠졌다고 공격하면서 일본군위안부·강제동원·강제노동을 부정하는 주장을 했다. 그런데 무덤 속에나 있으리라 생각했던 그 역사 부정론이 한국에서 다시 나온 것이다. 다만, 선수만 한국의 뉴라이트로 바뀌었을 뿐이다.

김민철은 《반일 종족주의》 저자들이 식민지배 피해자들의 상처를 외면하는 정도가 아니라 한술 더 떠서 고통까지 가하고 있는 현실의 심각성을 지적했다. 이들의 공세가 위안부나 강제징용 피해자들의 명예를 훼손하는 방법으로 전개되고 있다고 그는 비판했다.

이는 해방 이후 줄기차게 일본 정부와 일본 기업을 상대로 피해배상을 요구하며 싸운 강제동원 피해자들에 대한 명백한 명예훼손이자 연구자들에 대한 모독이다.

그는 식민지 근대화론자들이 식민지배를 합리화하고 피해배상을 저지할 목적으로 일제강점기하의 '한·일 차별'을 '한·일 차이'로 희석화시키고 있다는 점도 지적했다. 《반일 종족주의》 저자들이 일본인과 식민지 한국인 간에 존재했던 명백한 차별을 '민도民度의 차', 즉 '국민 수준의 차이에 의한 정당한 것'으로 합리화시키고 있다는 것이다.

두 번째 발표자로 나선 강성현 성공회대학교 동아시아연구소 교수는 뉴라이트를 중심으로 한 우경화 현상의 남다른 심각성을 분석했다. 그는 인터넷과 SNS를 중심으로 이뤄지는 최근의 보수 우익 결집이 아베 신조가 정치적으로 부각될 당시의 일본 우경화와 유사하다고 경고했다. 그는 "유튜브·카톡·페이스북·트위터 등 새로운 미디어의 인공지능과 하이퍼링크 기술, 접근성 높은 플랫폼들이 이들의 네트워킹을 확산시키고 있다"면서 "일본의 우경화 과정에서 등장한 넷우익과, 목적에 따라 수없이 만들어진 네트워킹 양상이 비슷해보인다"고 말했다.

강성현은 또 한·일 우익세력의 단결과 연대도 부쩍 두드러지고 있다고 경고했다. 2019년 6월 30일, 문재인·김정은·트럼프의 판문점 회동을 초치기라도 하려는 듯이 일본 정부가 7월 1일 무역규제 조치를 발표하자, 한국 뉴라이트가 이에 편승해 일본에 협력을 제공한 일에 관해 아래와 같이 말했다. 뒤에서 다시 설명하겠지만, 《반일 종족주의》 공동 저자인 이우연 낙성대경제연구소 연구위원을 두고 하는 말이다.

한·일 우파간 역사수정주의의 연대와 네트워킹 현상에 주목해야 한다. 2019년 7월 1일 아베 정부가 반도체 3개 품목의 한국 수출을 규제한다는 조치를 발표한 그다음 날, 이우연은 일본 역사수정주의자 후지키 슌이치의 금전적 지원을 받고 유엔 인권이사회에 가서 일제의 강제동원을 부정하는 발표를 했다. 그때 후지키 슌이치가 이우연의 양복 옷깃을 매만지고 먼지를 세심히 털어주자 이우연이 멋쩍은 듯 웃는 모습은 한·일 역사수정주의자들의 관계의 본질, 연대의 성격을 잘 보여준다.

세 번째로 발표한 김창록 경북대학교 법학전문대학원 교수는 1965년 한·일 청구권협정의 문제점과 대법원 강제징용 판결의 당위성을 중점적으로 설명했다. 그에 더해 "식민지배 덕분에 한국 경제가 나아졌다"는 《반일 종족주의》 논리의 법적 문제점을 지적하는 데도 상당한 관심을 할애했다. 그는 발표 초반에 을사늑약(을사보호조약) 1년 전인 1904년 6월 11일 일본이 내부적으로 확정한 〈대한對韓방침〉이라는 사료를 언급했다. 대한제국에 대한 기본 전략을 담은 이 문서의 요점은 '한국에 대해 정사상政事上·군사상 보호의 실권을 장악하고 경제상으로는 더욱 우리의 이권의 발전을 도모하는 것'이다. 이영훈 같은 식민지 근대화론자들은 "일본 제국주의는 한국을 일본 수준으로 만들려 했으며, 그런 식민지배 덕분에 우리나라가 잘살게 되었다"고 주장한다. 이들이 김창록의 발표를 들었더라면 '우리가 말하는 우리가 그 우리였던가'라는 깨달음을 얻게 되지 않았을까.

주최 측을 대표해 마지막 발표를 하게 된 박수현 민족문제연구소 사무처장은 《반일 종족주의》 저자들은 이미 학문적으로 사망 선고를 받은 사람들이나 마찬가지라고 말했다. 그의 말은 이렇다.

필자들은 대부분 뉴라이트로서 이명박·박근혜 정권 때 역사교과서를 둘러싼 역사전쟁의 핵심 인물들이었다. 알려진 바와 같이 이들이 주도한 대안교과서, 교학사 교과서, 국정교과서는 친일 독재 미화와 함량 미달로 폐기 처분되었다. 이 교과서들이 인정을 못 받았다는 것은 이들에게 학문적으로 사망 선고를 내린 것이나 다름없다.

학문적으로 다 죽어가던 그들이 《반일 종족주의》를 들고 다시 나왔다. 이는 학문적 패배를 정치적으로 만회하기 위해서라고 박 처장은 말했다. 그의 말은 이렇다.

이들이 기댈 곳은 이제 학계가 아니라 대중, 그중에서도 과거 독재 정권의 망령에 사로잡혀 있는 보수층이었다. 학계에서는 더 이상 이들의 주장이 먹히지 않기 때문이다. 때문에 정치적·이념적 편향성은 더욱 노골적이다. 이를 통해 노리는 것은 일본 극우세력 새역모(새로운 역사교과서를 만드는 모임)와 같은 행보다. 새역모의 대중적 영향력은 점차 확산되고 있는 추세이며, 일본의 우경화도 점차 심해지고 있다. 아베 정권의 든든한 지원까지 받고 있다. 새역모와 같이 대중적 영향력을 확대해 보수층을 결집하고 궁극적으로 극우보수 세력이 집권하는 것, 이를 통해 자신들의 입지를 강화하려는 것이 이들의 의도일 수 있다.

민족문제연구소와 일본군위안부연구회가 주최한 이 세미나에서 절실하게 강조된 것처럼, 낙성대경제연구소와 이승만학당 등에 포진한 뉴라이트 성향의 학자들은 객관적인 역사적 사실조차 부정하고 동족의 속을 긁어놓는 방법으로 일본 극우세력과 보조를 맞추며 촛불혁명 이후의 '학문적 사망선고'를 뒤엎으려 하고 있다. '성 밖'에서 아베 신조가 북을 치고 화살을 쏘아대는 지금, '성 안'에 있는 '이완용 같은 제2의 매국노들'이 반란을 일으켜 성문을 은밀히 열어주지 못하도록 우리 국민들이 경계하지 않으면 안 될 필요성을 이 세미나는 웅변해주었다.

이처럼 우리 사회는 《반일 종족주의》 저자들에 대해 고도의 경계심을 보이고 있다. 국경 밖의 아베 신조 정권을 대하는 것 이상으로, 우리 내부의 그들이 어떤 의도를 갖고 어떤 행보를 걸을 것인가에 대해 촉각을 곤두세우고 있다. 《반일 종족주의》의 내용을 구체적으로 살펴보는 이 시간은 우리가 그들의 의도를 파악하고 향후 행보를 예측하는 데 어느 정도 도움이 될 것이다.

# 2

## 그들이 주장하는 통계는 과연 공정한가

●

이영훈은 경제학자이지만, 역사학계에서도 주목을 받아왔다. 그가 개진하는 주장들이 한국 근현대사와 직결되어 있기 때문이다. 역사학계는 그와 정반대 입장에 서 있다. 역사학계는 대체로 식민지 근대화론을 부정한다.

그런데 그는 역사학계로부터 아직까지 결정적인 공격을 받지 않았다. 이는 그가 통계와 수치를 핵심 무기로 사용해온 것과 무관치 않다. 그래프나 표를 통해 통계와 수치를 많이 제시하다보면, 반박하기 곤란할 뿐 아니라 대응하는 데도 시간이 걸린다. 또 역사학자들은 경제학자들에 비해 아무래도 숫자에 약할 수밖에 없다. 그래서 통계와 수치를 전면에 내세우는 그의 방식은 역사학계와의 논쟁에서 아무래도 강점이 될 수밖에 없다. 그가 오랫동안 역사학계와의 논쟁에서 밀리지 않은 이유 중 하나다.

그가 제시한 통계들을 보면, 통계를 항상 공정하게 처리하지는 않는다는 사실에 접하게 된다. 이 점은 2005년 4월 27일 교과서포럼 제2차 심포지엄에서 발표된 이영훈, 김승욱 중앙대학교 교수의 논문과 이영훈 교수의 논문에 관한 논쟁을 담은《경제 교과서 무엇이 문제인가?》(두레시대, 2006)에서도 드러난다. 그는 한국 농민들이 일제강점기에 손해를 입지 않았듯이 대한민국 시대에도 그러했다고 주장한다. 심지어 대한민국 시대의 산업화 과정에서 농업이 공업보다 더 많은 특혜를 받았다고 말한다. 현대 한국 사회의 주요 모순 중 하나인 농업 및 농민에 대한 차별을 인정하지 않고, 그런 차별이 존재하지 않는다고 보는 것이다.

《경제 교과서 무엇이 문제인가?》에서 그는 한국 농업은 차별을 받은 게 아니라 오히려 지나친 보호를 받아왔다고 주장한다. 1987년 6월항쟁 이후로 농민운동이 활성화되면서 농업이 국가적으로 과보호를 받았다고까지 말한다. 그 같은 과보호가 있었다는 근거로 그가 제시하는 게 있다. 1965~2000년 기간에 농산식품 가격지수가 공산품 가격지수보다 높게 상승했다는 점이다. 이를 입증하고자 그는 22쪽 〈그래프 1〉을 제시했다. 이 그래프에서 짙은 점은 공산품 가격지수이고 옅은 점은 농산식품 가격지수다. 그래프에 따르면, 공산품 가격지수는 계속 하강하는 반면, 농산식품 가격지수는 계속 상승한다. 이를 근거로 '농민들이 특혜를 받아왔다'고 주장했다.

이영훈은 이 그래프 하단에 한국은행 경제통계시스템을 출처로 제시했다. 그런데 한국은행 경제통계시스템에는 그런 그래프가

〈그래프 1〉 농산식품과 공산품의 상대가격지수 추이

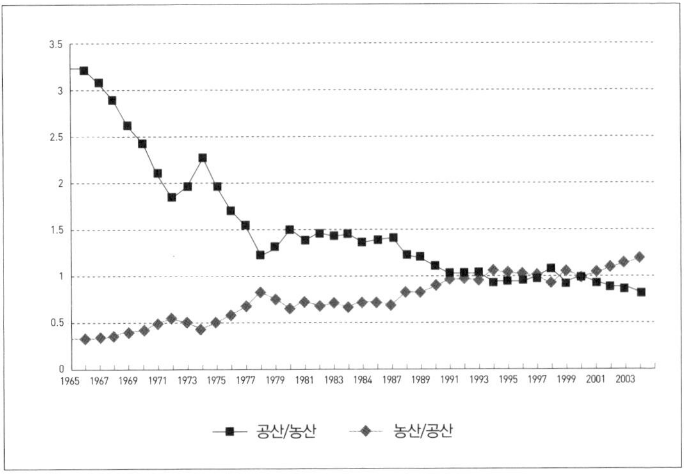


〈그래프 2〉 농수산품과 공산품의 상대가격지수 추이

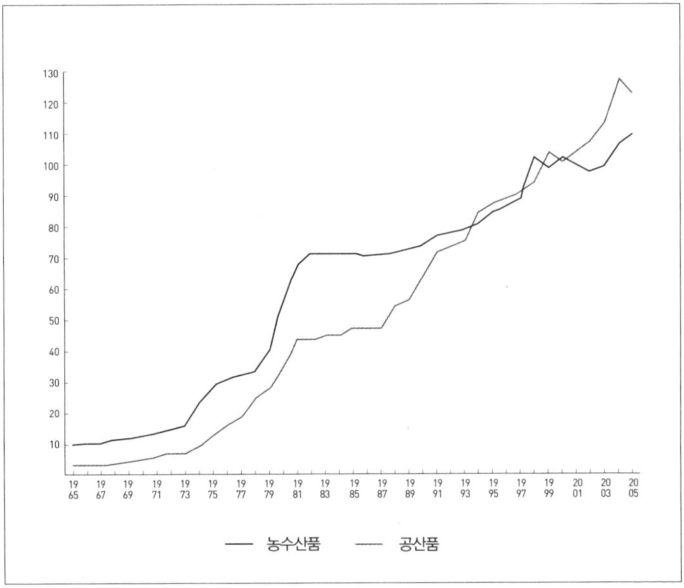


출처: 한국은행 경제통계시스템(http://ecos.bok.or.kr) 중의 생산물가지수

없다. 이 시스템에 제시된 원래의 그래프는 〈그래프 2〉와 같다.

그래프에서 짙은 선은 농수산품 가격지수이고, 옅은 선은 공산품 가격지수다. 한국은행이 제시한 이 그래프에 따르면, 농산식품뿐 아니라 공산품 가격지수도 함께 가파르게 상승한다. 이영훈이 제시한 그래프와 판이한 모습을 띠고 있는 것이다. 그가 원래의 그래프를 개조해서, 농산식품 가격지수만 홀로 상승한 것처럼 보이도록 만들었던 것이다.

이영훈이 통계를 처리한 방식은 이렇다. 2000년을 기준 연도로 설정한 다음, 두 개의 가격지수를 연도별로 산정했다. 그런 다음, 두 품목의 연도별 가격지수를 비교했다. 이 대목에서 변형된 통계 처리가 일어났다. 원래의 가격지수를 그대로 제시하지 않고 변형을 가했던 것이다.

그는 각 연도의 농산식품 가격지수를 공산품 가격지수로 나눈 값과, 공산품 가격지수를 농산식품 가격지수로 나눈 값을 그래프 상에 각각 표현했다. 이렇게 하면 특정 연도의 공산품 가격지수가 상승한다 해도 그 상승분이 농산식품 가격지수의 상승분보다 적은 한, 그 해의 공산품 가격지수는 하락한 것처럼 나타나게 된다. 이렇게 함으로써 두 분야의 가격지수가 동반 상승한 연도에도 농산품 가격지수 홀로 상승한 것처럼 보이도록 만들었던 것이다.

그는 통계에 관한 해석도 제대로 제공하지 않았다. 농산식품 가격지수 상승이 곧바로 농업 발달을 의미하지 않는다는 점을 설명해주지 않은 것이다. 농산식품 가격지수가 공산품 가격지수보다 더 많이 상승했다는 것은, 다른 말로 하면 농업 분야가 공업 분야에 비해 가격인하에 실패했음을 의미한다. 이는 농업 분야의 생산성 향상이 뒤쳐졌음을 의미한다. 또 경제성장에 필요한 자원이 공업 분야에 집중 투입되었음을 의미하는 것이다. 농업 분야의 기술혁신이 상대적으로 뒤쳐졌음을 뜻하는 것이다. 이런 사실을 제대로 알려주지 않고, 가격지수 상승분만을 토대로 농업이 과보호를 받았다는 엉뚱한 결론을 내놓았던 것이다.

전문적인 학자가 통계를 보여주면, 대부분의 독자들은 그냥 믿을 수밖에 없다. 자료를 뒤적이면서 통계를 일일이 검증하는 독자는 거의 없다. 위 사례는 이영훈이 그런 맹점을 활용해 자기 주장을 확산시켜왔음을 보여주는 증거 가운데 하나다. 그의 학술적 성과가 단단한 기반 위에 서 있지 않음을 의미하는 것이다.

그런데도 그는 자신의 주장을 확신 있게 개진해왔다. 특히 식민통치 문제와 관련해 그렇게 해왔다. 그 같은 확신에 넘치는 주장들이 《반일 종족주의》 곳곳에 담겨 있다.

그는 조선총독부가 한국인 토지를 강탈한 엄연한 사실을 부정한다. 1919년 3·1운동 때 한국인 200만 명이 목숨을 걸고 거리로 몰려나간 것은 토지를 빼앗기고 삶의 터전을 잃었기 때문이다. 그런데 그는 일제의 토지 수탈을 부인한다. 《반일 종족주의》에서 그는 "1960년대 이래 중·고등학교의 국사 교과서는 총독부가 시행한 토지조사사업의 목적이 조선 농민의 토지를 수탈하기 위한 것이라고 가르쳐 왔습니다"라면서 "1960년 역사교육학회가 만든 교과서는 전체 농지의 절반이 국유지로 수탈되었다고 했습니다"라고 말한 뒤 "검인정이나 국정이나 교과서를 쓴 역사학자들이 아무렇게나 지어낸 수치입니다"라고 말했다.

또 독도 영유권에 관해서도 망언에 가까운 주장을 편다. 독도가 한국 땅임을 증명할 역사적 증거는 하나도 존재하지 않는다고 말한다. 2019년 7월부터 일본이 경제보복을 하게 된 직접적 계기인 강제징용 판결에 대해서도 비슷한 주장을 내놓았다. 1965년 한·일 청구권협정이 "최선의 합의"였다는 게 그의 생각이다. 한국은 더 이상 청구할 게 없다는 것이다. 그는 "한일협정을 폐기하지 않는 한, 한국이 무언가 못 받은 게 있으므로 일본은 더 내놓아야 한다고 주장할 수 없습니다"라면서 "한국인은 1965년 청구권협정으로 일본과의 과거사가 매듭지어졌음을, 과거사가 청산되었음을 인정해야 합니다"라고 주장한다.

위안부 강제동원과 관련해서도 그의 망언은 계속 나온다. 그는 위안부 강제동원 역시 당연한 일이었다고 말한다. 공창제의 일환일 뿐이었다는 것이다. 그는 위안부 문제를 일본군의 전쟁범죄라는 차원에서 바라보지 않는다. 위안부를 동원한 행위가 범죄가 아니었다는 것이다. 그는 "그것은 당시의 제도와 문화인 공창제의 일부였습니다"라면서 "그것을 일본군의 전쟁범죄로 단순화하고 줄기차게 일본의 책임을 추궁한 것은 한국의 민족주의였습니다"라고 주장한다.

그는 위안부 피해자들과 함께하는 시민단체인 한국정신대문제대책협의회(정대협)에 대해서도 의심의 눈길을 보낸다. 정대협이 자신들의 공명심을 충족하고 직업적 일거리를 유지할 목적으로 위안부들을 앞세워 줄기차게 시위를 벌이고 있다는 것이다.

# 3

## 일본 돈 지원받은 일제강점기 연구

●

이영훈이 노골적으로 식민통치를 찬양하는 것은 단순히 학문적 소신의 결과일까? 꼭 그렇지만은 않다. 부정확한 지식과 잘못된 통계처리에 기반한 지식일지라도, 그것을 토대로 소신이란 게 생길 수는 있다. 만약 그렇다면, 그가 자신의 학문을 재검토하고 인식을 다시 조정하면 그만이다.

하지만 그렇게 간단한 문제가 아니다. 그의 일본 옹호는 그런 이유에서만 생긴 게 아니다. 이 점과 관련해, 그가 일본 자금을 받고 일제강점기를 연구했다는 사실을 고려하지 않을 수 없다. 이영훈은 스승인 안병직과 함께 1989과 1992년에 도요타 재단豊田財團의 자금 지원을 받아 식민지 연구를 수행한 적이 있다. 도요타 재단이 지원한 이 프로젝트의 타이틀은 '한국의 경제발전에 관한 역사적 연구'다. 이와 같은 자금 지원의 결과로 잉태된 연구 성과는 1989년에 발행된 《근대조선의 경제구조》와 1992년에 발행된 《근대조선 수리조합연구》다. 전자는 일본 학자 7인과 한국 학자 6인의 공저이고, 후자는 양국 각각 2인, 도합 4인의 공저다. 총 14인이 이 작업에 참여했다.

프로젝트를 주관한 도요타재단은 도요타 자동차공업주식회사와 도요타 자동차판매주식회사가 학술 진흥 등을 목적으로 1974년 10월 15일 일본 총리부總理府의 허가를 받아 설립한 법인이다. 《근대조선 수리조합연구》에 따르면, 이 재단의 직원인 야마오카 요시노리山岡義典가 프로젝트의 기획부터 출판까지 관여했다. 이 책 서문에서는 "동同 재단의 야마오카 요시노리 씨는 공동연구의 구상에서 출판의 단계에 이르기까지 관대하면서 헌신적인 도움을 주셨다"고 언급했다. 이영훈 등의 일제강점기 연구가 도요타재단의 깊숙한 개입 속에 이루어졌음을 보여주는 대목이다.

도요타재단이 일제강점기 연구에 자금을 투입한 이유와 관련해, 위의 두 책이 발행된 시점을 꼼꼼히 따져볼 필요가 있다. 이 프로젝트는 1987년 10월경 시작되었다. 연구가 개시된 시점이 6월 항쟁 직후라는 점에 유의할 필요가 있다.

1987년 6월 항쟁은 여러 측면에서 조명될 수 있겠지만, 경제적 측면에서 본다면 한국 사회가 고도 경제성장과 정치적 민주화를 통해 안정된 단계로 접어들었음을 상징적으로 보여주는 일이다. 그런데 한국이 이런 단계에 접어든 원동력이 무엇인가를 놓고 일반 한국인들과는 전혀 다른 시각을 가진 부류가 이 시기에 존재했다. 일반적인 한국인들은 6월 항쟁을 한국 민중의 투쟁 성과로 인식했지만, 그렇게 생각하지 않는 사람들도 있었다.

그런 사람들은 제국주의도 아닌 식민지에 불과했던 한국이 어떻게 저런 기적을 이룩할 수 있었을까 하는 의구심을 갖게 되었다. 그들은 '혹시 일제강점기의 경험이 그런 원동력이 된 것은 아닐까'라는 가설을 세우게 되었다. 그런 가설을 실증적으로 입증하고자 한 것이 바로 도요타재단의 프로젝트였다.

이 점은 《근대조선의 경제구조》에 실린 안병직의 서문에서도 잘 드러난다. 서문에서 그는 "우리들에게 중요한 것은 그것(경제 기적과 정치 발전)이 어떻게 성립할 수 있었는가"라면서 "지난날의 식민지사 연구를 통해 그 해명을 위한 조그마한 실마리를 찾아보자는 것이" 자신들의 연구 취지라고 소개했다. 식민지였던 나라가 어떻게 해서 독립된 하나의 자본주의국가로 성장하게 되었을까를 규명하는 것이 그들의 연구 목적이었다.

총 4년간 진행된 이 프로젝트는 상당한 규모로 진행되었다. 《근대조선 수리조합연구》 연구의 경우에만 국한해보면, 이 연구팀은 일제강점기 수리조합 자료를 구하기 위해 경기도·충북·충남의 도청·군청·시청·읍사무소·면사무소·상공회의소·농협·농지개량조합·은행·기업 등을 샅샅이 훑었다. 그 뒤에는 자료의 복사·분류·분석·토론·워드작업 등을 진행했다. 상당한 비용이 소요될 수밖에 없는 연구였던 것이다. 이 책 서문은 "도요타 재단으로부터 연구비의 지원이 없었더라면, 이번의 공동연구는 출발부터 불가능하였다"고 밝혔다.

돈이 든 만큼 이 프로젝트는 상당한 효과를 발휘했다. 이 프로젝트 이후 한국 사회에는 식민지 근대화론이 널리 유포되었다. 일본이 한국을 지배하지 않았으면 한국이 오늘날처럼 발전할 수 없었다는 논리가 지식인 사회를 중심으로 한국에 퍼져나갔다. 이 연구를 계기로 한국의 경제적·정치적 성장의 원동력을 일제강점기에서 찾으려는 노력이 본격화된 것이다.

이영훈은《근대조선의 경제구조》에서 한국의 자체적 근대화 가능성을 부정했다. 그는 "일본이 아니었으면 한국은 근대화되기 어려웠을 것"이라는 논리를 폈다. 이를 위해 김용섭 전 연세대학교 교수의 논리를 부정하는 방식을 취했다.

1931년 강원도 세포洗浦군에서 출생하고 조선 후기 농업경제사를 연구한 김용섭은 대한제국 시기의 토지측량 사업인 '광무 양전光武 量田'을 근대적·부르주아적 개혁으로 평가했다. 광무 연호를 사용한 시기에 벌어진 이 양전은 근대적 토지제도를 확립하고자 추진되었다. 김용섭은 대한제국 내부에 주체적·자생적인 자본주의화 혹은 근대화의 맹아, 즉 원동력이 있었다는 증거로 광무 양전을 예로 들었다.

이에 대해 이영훈은 충남 연기군 사례를 제시한다. 그는 "부실하게 진행된 양전사업에서 근대적·부르주아적 개혁의 역사적 의의를 찾을 수 없다"면서 일제강점기 이전에는 근대화의 원동력이 발생하지 않았다고 주장했다.

또 이영훈은《근대조선 수리조합연구》에서 일제 식민통치가 조선 민중에게 반드시 해악만을 주지는 않았다는 점을 보여주고자 충남 마구평 수리조합을 예로 들었다. 마구평 수리조합을 주도한 것은 일본인 지주들이지만 조선 농민들도 그로부터 혜택을 입었다는 것이다.

위에 소개한 두 가지 연구서를 통해 이영훈은 일제 강점 이전의 조선에는 주체적 근대화의 원동력이 없었으며, 일제 식민통치가 조선인들에게 반드시 고통만을 준 것은 아니라는 주장을 개진했다. 해방 이후 한국의 경제적·정치적 성장을 일본 제국주의의 공로로 돌리는 것으로 해석될 수도 있는 대목이다.

안병직 역시《근대조선의 경제구조》에 실린 〈식민지 조선의 고용구조에 관한 연구〉에서 식민지 경험이 한국 경제에 도움이 됐다고 주장했다. 그의 주장은 첫째, 식민지하에서 한국 농촌의 값싼 노동력이 공업 노동력으로 전환된 것은 일본의 강제에 의해서가 아니라 한국 민중의 자발적 선택에 의한 것이었다는 점, 둘째, 식민지 공업화 과정에서 한국인 노동자들은 일본인 노동자들보다는 못했어도 질적 발전을 경험했다는 것으로 요약된다. 여기서 두 번째 주장에 주목할 필요가 있다. 안병직은 식민지하에서도 한국인 노동력의 질이 향상되었다고 했다. 이는 식민통치가 한국인들에게 혜택을 주었다는 느낌을 우회적으로 전달한다.

이처럼 이영훈과 안병직은 도요타 재단의 자금 지원으로 진행된 연구에서, 일제 강점 이전의 한국에는 주체적 근대화의 원동력이 없었으며, 일제 식민통치가 조선 민중에게 혜택을 주었다고 주장했다. 이런 토대 위에서 현대 한국의 성장이 이뤄졌다는 게 그들의 인식이다. 결과적으로, 1970~80년대 한국의 성장을 일본 제국주의의 공로로 돌리는 셈이다.

안병직과 이영훈 등은 도요타재단의 자금 지원으로 식민지 근대화론에 관한 서적들을 펴냈다. 식민지 문제를 연구하면서 가해자인 일본의 대표적 기업으로부터 연구자금을 받았으니, 윤리적 논란을 피할 수 없는 일이다. 만약 그들이 진심으로 일제 식민통치가 한국에 혜택을 줬고 그에 대해 감사를 느낀다면, 자신들의 개인 비용으로 연구를 수행하는 게 마땅하다. 일본 측의 자금 지원을 받는다면 그 연구는 원초적 하자를 내포한 연구일 수밖에 없다.

# 4

## 한국뿐 아니라 미·일에서도 등장한 뉴라이트

●

《반일 종족주의》 저자들의 활동은 뉴라이트 운동의 일환으로 전개되고 있다. 뉴라이트는 한국뿐 아니라 미국과 일본에서도 나타난 현상이다. 한국의 뉴라이트에 상응하는 집단이 미국에서는 네오콘, 일본에서는 신우익(신보수)이다. 한·미·일 삼각동맹으로 세 나라 정치가 상호 연동되다 보니, 삼국에 비슷한 현상이 발생하는 것이다. 다만, 삼국의 현상이 동시에 발생하지는 않고 시차를 두고 나타났을 뿐이다.

'뉴·네오·신'으로 불리는 점은 같지만, 이들 각각이 제 나라에서 차지하는 위상은 같지 않다. 네오콘은 조지 워커 부시George Walker Bush(아들 부시) 행정부 때 정치적 전성기를 구가하다가 약해졌지만, 아직도 영향력을 보유하고 있다. 하얀 콧수염을 달고 트럼프의

백악관에서 근무한 존 볼턴John Bolton 국가안보보좌관이 네오콘의 존재를 보여준다.

일본 신우익의 처지는 훨씬 낫다. 이들은 여전히 막강한 파워를 과시하고 있다. 고이즈미 준이치로小泉純一郞 내각(2001~06년)과 아베 신조 내각(2006~07년, 2012년~현재)은 이들의 집결장이라 할 수 있다. 거기다가 최대 우익단체인 일본회의日本會議(닛폰카이기)에도 이들이 다수 포진해 있다.

교도통신사 사회부·외신부 기자 및 서울특파원 등을 지낸 아오키 오사무靑木理가 쓴《일본회의의 정체》(율리시즈, 2017)에 따르면, 2014년을 기준으로 전체 707명인 참의원·중의원 의원 중에서 280명 정도가 일본회의 의원간담회에 속해 있었다. 2019년 8월 12일 방영된 〈MBC 스페셜〉에 따르면, 현재의 제4기 아베 신조 내각에서 각료 20명 중 15명이 일본회의 내의 국회의원간담회에 속해 있다고 한다. 이처럼 신우익은 일본 사회 곳곳의 요로를 장악하고 있다. 이를 기반으로 이들은 자국을 군사대국화의 험로로 끌고 가고 있다.

그에 비해, 한국 뉴라이트는 초라한 편이다. 이명박·박근혜 정권 때 빛을 봤지만, 2016년 연말에 시작된 촛불혁명을 계기로 움츠러들었다. 그래서 지금은 한·미·일 삼각동맹 내에서 한국 뉴라이트가 가장 위축되어 있다고 볼 수 있다.

그로 인해 뉴라이트가 초조함을 느끼고 있다는 단적인 증표가 바로《반일 종족주의》다. 이 책은 식민지 근대화론이나 위안부·독도 등에 관한 이영훈 등의 종래 견해를 되풀이하거나 정리해놓은 서적이다. 이들은 시대 변화에 민감해야 할 학자다. 그런 그들이 촛불혁명으로 세상이 크게 바뀐 이 판국에 종전 주장을 반복하는 책을 내놓았다는 것은 좀 이해할 수 없다.

뉴라이트의 사상적 구심점이라는 자신들의 위상을 감안했다면, 촛불혁명 이후 보수가 가야 할 길을 제시하는 '뉴New'뉴라이트적인 책을 내놓았어야 했다. 세상이 바뀐 지 근 3년이 다 되어가므로, 새로운 시대에 맞는 책을 준비할 만한 시간도 적지 않았다고 볼 수 있다. 그런데도 새로울 것 없는 책을 내놓았으니 실망을 느낄 수밖에 없는 것이다. 2018년 10월 30일 대법원에서 나온 강제징용 판결을 계기로 한·일 역사문제가 급박하게 전개되고, 3·1운동 100주년인 2019년을 맞이해 한국 사회가 역사청산을 가속화하는 분위기 속에서 그들이 조급증을 느낀 결과일 수도 있다. '반일 민족주의'도 아니고 '반일 종족주의'라는 자극적인 제목을 붙인 데서도 그런 정서를 어느 정도 감지할 수 있다.

네오콘 및 일본 신우익과 비교할 때, 뉴라이트의 운명이 더 어둡다는 점은 이들의 태생적 한계에서도 추론할 수 있다. 이들의 등장 배경을 네오콘 및 일본 신우익과 비교해보면, 뉴라이트가 앞으로 점점 더 암울한 미래에 직면할 수밖에 없으리라는 결론에 도달하게 된다.

뉴라이트 대표자인 안병직과 이영훈이 한때 좌파 운동권이었던 것처럼, 미국 네오콘도 원래는 그랬다. 네오콘의 대부인 라이오넬 트릴링Lionel Trilling 컬럼비아대학 교수도 본래 진보주의자였다. 대니얼 벨Daniel Bell 하버드대학 교수, 어빙 크리스톨Irving Kristol, 어빙

하우Irving Howe 같은 1세대 네오콘들도 마찬가지다.

진보주의자였던 이들이 보수로 갈아탄 최대 요인은 기성세대에 대한 도전이자 사회변혁 운동인 68혁명에서 찾을 수 있다. 68혁명 뒤에 진보가 보여준 모습에 대한 실망감이 이들이 보수파로 전향하는 데 기여했다.

정상호 한양대학교 교수의 논문 〈미국의 네오콘과 한국의 뉴라이트에 대한 비교 연구: 정책이념·네트워크·정책의 형성 및 발전 과정을 중심으로〉는 네오콘의 등장과 관련해 "결정적 요인은 미국 역사상 남북전쟁 이래로 가장 심각한 체제 도전으로 기록된 68혁명이었다"고 설명한다. 한국정치학회가 2008년 발행한《한국정치학회보》제42집 제3호에 실린 이 논문에 따르면, 캘리포니아대학의 학생 시위로 촉발된 미국 68혁명이 1968~69년 2년간 사립대학의 70퍼센트, 국립대학의 43퍼센트에서 유례를 찾을 수 없는 심각한 학내 갈등을 발생시켰다. 학내 문제와 베트남 반전운동으로 촉발된 미국 68혁명은 흑인 민권운동 및 신좌파운동과 결합했다. 이 논문은 이런 흐름이 "1970년대 초에는 대안문화나 생활양식을 추구하는 정치적 급진주의로 발전하였다"고 설명한다. 이 대목에 언급된 '대안문화나 생활양식'이 운동권 일부를 실망시켰다. 이때 실망감을 느낀 이들이 바로 미래의 네오콘들이다.

위 논문은 "하버드대 역사학과의 맥거 교수가 네오콘의 발흥을 설명하는 데 있어 가장 주목하였던 것은 바로 이 지점"이라면서 미래의 보수주의자가 될 운동권 일부가 대학과 자유주의적 지식인 사회의 지배적 풍조로 대두된, 이른바 반反문화에 분노를 느꼈다고 설명한다. 마약, 성 혁명, 로큰롤, 동성애 등으로 상징되는 이 당시의 히피 문화는 기성 체제에 대한 근본적 변혁이기보다는 개인적 해방의 추구라는 성격이 강했다고 말한다. 그렇지만 많은 미국인은 그런 히피 문화를 60년대의 급진적 자유주의의 상징으로 인식했다고 한다. "신보수주의자들은 바로 조지 카치아피카스가 68혁명의 본질로 주장하였던 '문화와 정치의 거대한 융합', 즉 정치적 급진주의와 문화적 다원주의를 미국의 중심적 가치체계에 대한 심각한 도전으로 인식하였고, 이에 대응하기 위한 정치사회적 조직화가 네오콘의 등장 원인이 되었다는 것이다"라고 논문은 말한다.

일본에서 신보수가 본격 등장하게 된 계기는 '잃어버린 10년'으로 불리는 1990년대 상황이다. 일본 경제가 침체된 1991~2002년 기간에, 이들은 일본의 자존심을 되찾고 과거의 영광을 복원하겠다는 목표를 내걸고 사회운동 전면에 나섰다. 평화문제연구소가 2007년 발행한 《통일 한국》 제279권에 실린 이준규의 〈일본 신민족주의와 신보수주의: 아베 정권과 일본 신보수의 면면〉은 "'잃어버린 10년'이라고 불리는 1990년대의 경제적 불경기와 2000년대 신자유주의적 개혁의 과정을 거치면서 붕괴되어버린 일본 전후戰後 시스템과 그로 인해 초래된 사회적 불안감이 일본의 자부심, 민족과 전통의 중시, 애국심 등을 주창하는 '신보수와 신민족주의적' 정치세력의 사회적 기반이 되고 있다"고 해석한다.

이처럼 네오콘은 68혁명 이후 진보의 모습에 대한 실망감이 최대 원인이어서 등장했고, 신우익은 1990년대 일본 경기침체에 맞서 국가적 자존심을 찾겠다는 의욕이 최대 원인이어서 등장했다.

이에 비해, 한국 뉴라이트 출현의 최대 원인은 소련 및 동구 공산권 붕괴와 북한 경제위기로 지적되고 있다. 이와 같은 공산권 현상을 지켜보면서 이들이 좌파를 청산하고 우파 '완장'을 차게 되었던 것이다.

박태균 서울대학교 교수의 논문 〈뉴라이트의 등장과 역사인식 논쟁〉에서 이 점을 설명하고 있다. 새얼문화재단이 2007년 발행한 《황해문화》 제56호에 실린 이 논문은 2006년에 《시대정신》 재창간호에 실린 안병직의 〈재창간사: 뉴라이트 운동을 전개하며〉라는 글을 소개하면서, 이 글에 나타난 안병직 역사 인식의 핵심적 측면, 다시 말해, 뉴라이트적 역사 인식의 핵심적인 일단을 "우선, 북한에 대한 강한 거부감을 보여주고 있다"는 말로 설명한다.

한국은 북한처럼 자주노선을 추구하면 자멸의 길로 들어서게 되고, 국제협력 노선을 추구하면 자유와 번영의 길로 들어설 수 있다는 게 안병직의 인식이라고 말한다. 그런 뒤 박태균은 "이것은 지극히 결과론적 인식으로 1990년대 이후 동구와 소련의 공산정권 붕괴, 그리고 북한의 경제적 몰락이 주요한 원인이 되었던 것으로 보인다"면서 "이것은 궁극적으로 뉴라이트 계열의 학자들이 우파나 보수 진영으로 이동하게 되었던 기본적인 배경이 되기도 한다"고 해석한다.

공산권의 붕괴 및 경제위기를 보면서 좌파에서 우파로 전향한 것은 실리적 선택일 수도 있다. 이에 관한 가치 판단은 각자의 몫이다. 그런데 그 선택이 결과적으로 뉴라이트의 발목을 잡고 있다는 점을 고려하지 않을 수 없다. 북한에 대한 적대감과 이로 인해 부채질되는 한·미·일 삼각동맹에 대한 과도한 의존심으로 인해 그들이 시대의 대세를 제대로 따라가지 못하고 있다. 이것은 그들이 2016년 촛불혁명 이후로 강해지는 역사청산 흐름과 2018년 연초부터 형성된 한반도 평화 흐름에 동참하지 못하게 막는 요인이 되고 있다. 사상 전향의 계기가 되었던 공산권 및 북한에 대한 인식이 이들의 발목을 붙들고 있는 것이다.

네오콘과 일본 신보수는 자국의 번영을 추구한다. 그래서 그들의 논리가 그것과 충돌할 이유는 별로 없다. 잘못된 부국강병론은 바람직하지 않지만, 그런 지향으로 인해 그들은 적어도 자국 안에서는 최소한의 입지를 유지할 수 있다. 그에 비해 한국 뉴라이트는 대북 적대감 때문에 한반도 평화 국면에 동참하지 못할 뿐 아니라 한·미·일 삼각동맹에 과하게 의존하는 모습을 보일 수밖에 없다. 이로 인해 한일관계와 식민지배 문제까지 일본의 입장을 대변할 수밖에 없는 것이다. 그러므로 한반도 평화 국면뿐 아니라 대일관계에서도 국민 대중과 호흡할 수 없게 된 것이다.

한국 보수가 촛불혁명 이후에도 계속 생존하려면 '뉴라이트'에서 한걸음 나아가 '뉴'뉴라이트로 거듭나야 한다. 그런데 이들은 새로운 모습을 보여주기는커녕 '옛날 이야기'를 책에 담아 다시 들고 나오고 있다. 네오콘이나 일본 신보수에 비해 한국 뉴라이트의 미래가 더 어둡다는 전망을 하지 않을 수 없게 만드는 현상이라고 할 수 있다.

# 5

## '그들만의 조국'을 지키려는 사람들

●

《반일 종족주의》는 도발적인 '물건'이다. 2019년 7월 일본의 경제 보복으로 한·일 갈등이 격화되는 가운데 이 책은 '총구'를 일본이 아닌 한국 쪽으로 겨냥하고 있다. 반일감정을 '반일 민족주의'도 아니고 '반일 종족주의'로 폄하하면서, 원시적이고 저급한 감정이라며 몰아붙이고 있다.

〈에필로그: 반일 종족주의의 업보〉(이하 〈에필로그〉)에서 이영훈은 그는 반일 종족주의가 한국을 다시 한번 망국의 길로 이끌지 모른다고 경고했다. 지금처럼 일본을 대했다가는 1910년에 이어 한번 더 망할 수 있다고 경고한 것이다. '총구'를 한국 쪽으로 겨냥하면서 '그만하고 닥쳐!'라는 식의 엄포를 놓고 있는 셈이다.

《반일 종족주의》는 그렇게 도발적이면서도, 동시에 엉성한 면이 있다. 일제 식민지배가 한민족의 경제성장에 기여했다고 누누이 강조하다가, 갑자기 "일제강점기 때 한반도 전체 재산의 85퍼센트가 일본인 소유였다"고 말해버린다. 제10장 〈애당초 청구할 게 별로 없었다〉 편에서 주익종은 1946년 현재 일본인들이 한반도에 두고 간 재산이 52억 달러였으며 이것은 한반도 총 재산의 85퍼센트였다고 말한다. 이는 식민지배 중에 산출된 생산물의 대부분이 일본인 수중에 들어갔음을 의미한다. 식민지배가 결국 일본인을 위한 것이었음을 시인해버린 것이다. 그의 의도는, 일본이 두고 간 재산이 그처럼 많으니, 한국이 식민지배에 대한 손해배상을 청구할 게 없다고 주장하려는 것이었다. 그런 말을 하려다가 실수도 범하게 된 것이다.

이런 식의 논리적 충돌이 책 곳곳에서 발견되는 것은 6인의 저자가 공동 집필했기 때문이기도 하지만, 이 책이 학술적 정합성보다는 다른 데를 겨냥하고 있기 때문이라고 볼 수 있다. '다른 데'라는 것은 다름 아닌 '정치적 목적'을 말한다. 책의 궁극적 의도가 정치적 목적에 있다 보니, 논리적 정합성을 추구하기보다는 그때그때 상황에 따라 말을 바꿀 수밖에 없었으리라고 볼 수 있다.

공동 저자들이 정치적 목적을 염두에 두고 있다는 점은 〈에필로그〉에서도 나타난다. 이 부분을 집필한 이영훈은 위에서 언급했듯이 '망국의 예감'까지 거론하면서 정치권과 학계의 결단을 간접적으로 촉구한다. 그는 반일 종족주의가 이 나라를 망국의 길로 이끌어갈지 모른다고 경고했다. "109년 전 나라를 한 번 망쳐본 민족"이라고 말한 뒤 그는 이 민족이 아직도 나라가 망한 원인을 알지 못한다고 개탄했다. 그러니 한 번 더 망하는 것은 별로 어렵지 않을 것이라고 말한다. 나라가 망해간다는 이야기를 하면서 그는 "헌법에서 '자유'를 삭제하자고 주장하는 세력이 정권을 잡고 있지 않습니까"라고 한다. 그러면서 "절반의 국민"이 그런 세력을 지지하고 있으므로 망국의 예감을 떨쳐버릴 수 없다고 한다. 반일 종족주의로 무장한 그 세력의 횡포에 대해 "이 나라의 정치와 지성이 너무나 무기력"하다고 그는 한탄한다.

이영훈이 말한 반일 종족주의 세력이 누구인지는 그의 글에서 쉽게 드러난다. 그게 정확히 누구인지 쉽게 알 수 있도록 하고자 "현재 정권을 잡고 있다"는 점과 "국민 절반의 지지를 받고 있다"는 점을 명시했다. 이와 같은 반일 종족주의 세력의 횡포에 대해 "정치와 지성이 너무나 무기력"하다고 그는 한탄했다. 이는 그가 정치권과 학계가 무언가 행동하기를 바라는 심정에서 《반일 종족주의》를 내놓게 되었음을 알려주는 대목이라고 할 수 있다. 정치적 의도를 갖고 세상에 내놓은 책임을 보여주는 것이라고도 할 수 있다. 이처럼 정치적 목적을 띤 책이다 보니, 이 책에서는 학문적 정합성이 아무래도 뒤로 밀릴 수밖에 없다. 책 곳곳에서 논리적 모순이 자주 발견되는 것은 그 때문이라 볼 수 있다.

흔히 학자들은 정치권과 학계를 열거할 때 학계를 먼저 언급한다. 이영훈 교수는 '정치와 지성'이라면서 정치권을 먼저 언급했다. 그가 정치적 해법의 필요성을 얼마나 절실히 인식하고 있는지를 단적으로 보여주는 대목이라고 할 수 있다.

그런데 이영훈의 목적은 일본을 변호하는 데만 있는 게 아니다.

그가 위기를 강조하는 것은 한일관계뿐 아니라 다른 것도 곤란에 처해 있다고 믿고 있기 때문이다. 그게 무엇인지는 그의 글에서 잘 드러난다. 반일 종족주의 외에, 그가 위험시하는 게 하나 더 있다. 바로 자유민주주의의 위기다. "헌법에서 '자유'를 삭제하자고 주장하는 세력이 정권을 잡고 있지 않습니까"라는 그의 말에서 이 점을 느낄 수 있다.

"헌법에서 자유를 삭제하자고 주장한다"는 것은 2018년 3월 조국 민정수석을 중심으로 만들어진 대통령 개헌안을 두고 하는 말이다. 그런데 이영훈 말대로 이 개헌안에서 자유민주주의가 삭제된 것은 아니다. 개헌안 전문에서도 "자율과 조화를 바탕으로 자유민주적 기본질서를 더욱 확고히 하여"라고 했다.

그런데도 그가 그렇게 주장하는 것은, 이 개헌안에서 재벌과 대기업보다는 도시 서민·노동자·농민·중소기업 등의 이익이 좀더 강조되었기 때문이다. 개헌안 제125조 제2항에서는 '경제주체 간의 상생과 조화'가 규정되었다. 종래처럼 재벌과 대기업 위주가 아니라 모든 경제주체가 다 함께 잘사는 나라를 만들겠다는 의지를 천명한 조항이다. 이른바 경제민주화가 강조되었던 것이다.

이영훈 교수가 "자유민주주의가 헌법에서 삭제되었다"고 말하는 것은 바로 그 때문이다. 경제민주화의 강화로 인해 재벌과 대기업 위주의 자유시장주의가 위협을 받고 있다고 염려하고 있는 것이다. 자본가의 경제적 자유를 내용으로 하는 자유민주주의의 또다른 측면이 위험에 처하지 않을까 두려워하고 있는 것이다.

그가 〈에필로그〉에서 문재인 정부의 최저임금 인상을 "최저임

금의 과격한 인상"으로 과대포장하는 것이나 "아마추어 집권 세력
이 분배 지향과 규제 일변의 정책을 고집"하고 있다고 비판하는 것
은, 재벌과 기업을 포함한 모든 경제주체 간의 공정한 분배를 추구
하는 최근의 경제정책적 흐름에 대한 불만을 표명한 것이다. 이는
그가 말하는 자유민주주의가 개인의 자유와 권리보다는 자본가의
자유로운 시장 지배를 지향하는 것임을 보여준다. 그런 의미의 자
유민주주의가 위기에 처했다는 절박감을 품고《반일 종족주의》를
내놓았다고 볼 수 있다.

　그가 이와 같은 위기의식을 한층 더 강하게 품게 된 계기가 있
다. 바로 2016년 촛불혁명이다. 〈에필로그〉에서 그는 이 점을 솔직
하게 토로한다. 박근혜 정권이 허점을 보이자 대중이 잔인해졌다
면서 "여성 대통령을 벗기고 묶고 목을 치고 시체를 운구하는 퍼포
먼스가 백주의 광장에서 자행되었다"고 한탄했다. 또 정치인들도
비판했다. 그들이 매우 비열했다고 말이다. 그는 대통령을 배신하
고 탄핵을 주도한 세력은 객관적 정의가 아니라 개인적 원한에 이
끌렸을 뿐이라고 말한다. 그러면서 당시의 정치인들을 '소인배들'
로 평가한다.

　'잔인한 대중'과 '정치 소인배'들에 이어 '정치적인 헌법재판관
들'마저도 그에게 충격과 비통을 안겨주었다. 그는 법관들이 목에
칼이 들어와도 해서는 안 될 짓을 했다고 말한다. 헌법재판관들이
정치적으로 재판했다고 해석한다. "탄핵이 판결되는 날, 국민의 절
반은 축배를 들었지만, 절반은 비통의 눈물을 흘렸습니다"라고 그
는 추억한다.

이영훈을 비롯한 뉴라이트들이 촛불혁명 이후 어떤 심경을 품었을지는, 그의 스승이자 뉴라이트의 구심점 중 한 사람인 안병직의 언급에서도 드러난다. 촛불혁명 기간에 안병직은 이명헌 전 교육부장관 및 윤평중 한신대학교 교수와 '대한민국이 사는 길'이라는 대담회를 가졌다. 이 자리에서 안병직은 대한민국은 '보수세력의 조국'이라는 인식을 드러냈다. 진보세력에게는 대한민국이 조국이 되기 힘들다고 그는 말했다.

철학문화연구소가 2007년 3월 발행한 《철학과 현실》 제112호에 따르면 "보수는 자기들이 건국하고 발전시켜온 대한민국이니까, 대한민국을 자기의 조국이라고 인정하지요"라면서 진보의 경우에는 사정이 다르다고 말했다. 진보는 반외세운동과 민주화운동을 하면서 대한민국을 적으로 돌렸기 때문에, 대한민국을 선뜻 조국이라고 인정하기가 어렵다고 말했다. 대한민국이 1919년이 아닌 1948년에 건국되었다는 전제 하에, 1948년 정부 수립을 주도한 보수세력이 이 나라를 만들고 발전시켜온 주역이라고 생각하는 안병직 교수의 인식이 드러나는 대목이다.

그의 주장은 기존 대한민국 체제에 대한 보수 진영의 애착을 보여주는 것이기도 하지만, 대한민국을 자기들만의 조국으로 생각하는 편향된 인식을 드러내는 것이기도 하다. 일반 대중과 상대 진영을 대한민국의 객홀으로 바라보는 인식을 표출하는 것이라 할 수 있다.

1919년 임시정부를 계승하는 1948년 정부 수립 이후부터 위 대담이 있었던 2017년 초반까지는 69년이란 세월이 흘렀다. 이 기간

중에서 김대중과 노무현의 집권 기간 10년을 빼면, 보수 진영이 좋아하는 정권이 집권한 기간이 69년 중 85.5퍼센트나 된다. 정부 수립 이후 85.5퍼센트의 시간을 보수가 지배했던 것이다. 이러니, 보수의 입장에서는 총 한 자루도 아닌 촛불 한 자루 든 '객'들의 호통 앞에서 박근혜 정권이 코너에 몰리고 정권이 힘없이 무너지는 현실이 분통 터질 만도 했던 것이다.

이영훈의《반일 종족주의》는 이와 같은 분통을 대변하고 있다. 자신들이 오랫동안 지배해온 대한민국이 '평범한 만인들의 나라'로 변할지 모른다는 위기감을 반영하고 있다고 할 수 있다. 그래서 지금의 경향에 제동을 걸고 보수의 단결을 촉구하고자《반일 종족주의》를 들고 나왔다고 말할 수 있다.

〈에필로그〉에서 이영훈은 "아무리 돌아봐도 시대의 목탁으로서 정신문화를 인도한 철인을 찾을 수 없습니다"라며 대한민국의 현실을 개탄했다. 그래서 그 자신이 '시대의 목탁'이 되어 반일감정에 철퇴를 가하고 자유시장주의를 사수하고자《반일 종족주의》를 세상을 향해 던지면서 나왔다고 볼 수 있다. 한마디로, '그들만의 조국'을 지키기 위해서 나온 것이다.

제2부

# 공감 능력이 없는 궤변들
그들이 친일청산, 위안부 문제를 다루는 방식

# 6

## 또 다른 친일청산 대응 논리

●

1919년 3·1운동 이래, 이 땅의 최대 적폐는 친일이다. 그런데 이 적폐는 3·1운동 100주년이 넘도록 아직 청산되지 않고 있다. 해방 직후에도, 1948년 정부 수립 직후에도, 그 후에도 매번 번번이 무산되었을 뿐이다. 친일 적폐가 100년 넘게 누적된 데다가 그 위에서 대한민국의 모든 부조리가 기생해왔기 때문에, 친일청산을 제대로 하게 되면 대한민국은 근본적으로 탈바꿈될 수밖에 없다. 체내 노폐물을 싹 제거하면 혈색이 달라지는 것처럼 그 이상의 효과가 생길 것이다.

그렇기에 친일청산을 저지하려는 노력 역시 필사적으로 전개될 수밖에 없다. '노폐물'로 규정되어 씻겨나가지 않기 위해서라도 그 저지는 필사적일 수밖에 없다. 그런 시도의 하나로 끊임없이 전개되는 게 친일청산 반대 논리의 생산 및 유포다.

그런 논리 가운데 그간 《반일 종족주의》 저자들이 많이 주장한 식민지 근대화론을 들 수 있다. 하지만 '일본 식민지배 덕분에 한국이 잘살게 되었다'는 논리는 널리 확산되는 데 한계가 있다. 그런 논리가 객관적 역사와 상반될 뿐 아니라 그에 대한 한국인들의 거부감도 상당하기 때문이다. 대부분의 한국인은 그런 논리를 펴는 것 자체를 죄악시한다. 들으려고도 하지 않는 사람들도 적지 않다. "뭐야? 일본 덕분에 잘살게 되었다고?"라며 이런 논리를 꺼내는 사람의 인격을 의심한다. 그렇기에 사제지간인 안병직과 이영훈이 의욕적으로 내세우는 식민지 근대화론은 확장성에 제약을 받을 수밖에 없다.

그에 비해, 꽤 오랫동안 생명력을 유지해온 논리가 한 가지 있다. 《반일 종족주의》 저자들을 비롯해 극우적 뉴라이트들이 공통적으로 구사하는 '친일청산=공산주의' 논리다. 이 논리가 사용된 지는 꽤 오래되었다. 1948년에 국회 반민족행위특별조사위원회(반민특위)가 친일청산을 개시하자, 친일 극우세력이 내세운 방어 논리가 바로 이것이다. 1948년 8월 27일자 《경향신문》에 따르면, 친일파들은 "반민족자를 처단한다는 자는 공산당 주구다"라는 전단을 살포하고 다녔다. 이런 일은 당시 수도 없이 발생했다.

친일청산을 '빨갱이'와 접목시키는 접근법은 냉전시대가 사실상 끝난 2010년대에도 여전히 구사되고 있다. 2019년 9월 19일 연세대학교 사회학과 강의에서 위안부 피해자들을 매춘부에 빗댔던 류석춘 교수도 그런 접근법을 쓰고 있다. 그는 친일청산이 모범적으로 이뤄졌다는 평가를 받는 북한을 겨냥해, 친일청산이 공산혁명의 도구로 쓰였을 뿐이라고 폄하했다. 2013년 《시대정신》 봄호에 게재된 〈북한 친일청산론의 허구와 진실〉에서 그는 북한이 했다고 "선전"하는 친일청산이란 친일청산이 아니라고 주장했다. 그것은 그저 소비에트 공산혁명을 반대하는 반공세력 혹은 민족주의 세력에 대한 탄압과 청산이었을 뿐이라고 주장한다. 공산혁명에 저항한 자본가 계급의 재산을 노린 '재산 빼앗기' 과정에 불과했고, 소련 공산주의 체제를 만드는 데 반대한 반동분자에 대한 숙청 과정에 불과했다고 깎아내렸다.

공산주의 정권의 친일청산은 그들 나름의 목적에 맞게, 자본주의 정권의 친일청산은 그들 나름의 목적에 맞게 이뤄질 수밖에 없다. 그러나 그렇다고 친일청산이 곧 공산혁명이 되거나 부르주아 혁명이 되는 것은 아니다. 류석춘의 비판은 하나마나한 비판인 것이다.

사실, 친일청산은 공산당의 전유물이 아니었다. 중국공산당에 맞서 싸웠던 장제스(장개석)의 국민당 정부 역시 비록 소극적으로나마 친일청산을 실시했다. 국민당 정부는 일제 패망 8년 전인 1937년 8월부터 한간漢奸, 즉 친일파들을 처형했다. 전쟁 중에도 친일파 청산의 필요성을 절감했던 것이다.

일제 패망 뒤에도 그들의 청산 작업은 계속되었다. 그 규모가 정확히 어땠는지 현재로서는 불확실하다. 하지만 대략적이나마 추정은 가능하다. 2007년에 《중국학보》 제55집에 실린 박상수 고려대학교 연구교수의 논문 〈중국의 친일한간 청산 일고一考〉는 1948년에 발행된 《중화연감》을 근거로 1945년 11월부터 1947년 10월까지 국민당 정부가 각 성과 시에서 처리한 한간 처벌 성과를 소개한다. 이에 따르면, 국민당 정부의 검찰은 45,679건의 한간 안건을 처리했다. 그중에서 기소된 사람은 3만 185명, 불기소처분을 받은 사람은 2만 55명, 기타가 1만 3,323명이었다. 한편, 각성各省 법원에서 다룬 재판은 모두 2만 5,155건이었다. 그중에서 사형 선고를 받은 사람은 369명, 무기징역을 선고받은 사람은 979명, 유기징역을 받은 사람은 1만 3,570명, 벌금형을 받은 사람은 14명이었다.

남한에서는 친일파에 대한 사형집행이 한 건도 없었다. 징역 등의 신체형 선고는 14건 있었다. 하지만, 그나마도 제대로 집행되지 않았다. 이와 대조적으로 국민당 정부는 비록 불철저하나마 친일청산을 실시했다. 남한과 비교하면, 국민당 정부의 친일청산은 상당히 높은 수준이었다. 국민당도 이처럼 친일청산을 했다면, 친일청산을 빨갱이와 연결하는 논리는 타당하지 않다고 판단할 수밖에 없는 것이다.

이제까지 '친일청산=공산주의' 논리가 위력을 발휘할 수 있었던 것은 미·소 양대 진영의 냉전 구도가 존재했기 때문이다. 하지만 지금은 최후의 냉전 지대라고 하는 한반도까지 평화의 훈풍이 불고 있다. 머지않아 냉전의 수명이 다하면 이 논리도 봄철에 살얼음이 녹듯 사그라들 수밖에 없다.

이런 가운데, 전통적 방식에서 탈피해, 그러니까 냉전 구도와 무관하게 대응 논리를 개발하는 학자도 있다. 《반일 종족주의》 공동저자인 주익종 낙성대경제연구소 이사가 바로 그 '개발자'다. 이 책의 제18장 〈친일청산이란 사기극〉 편에서 그의 '제품'을 확인할 수 있다. 향후 친일청산에 속도가 붙으면 이런 유의 연구·개발이 좀더 많이 시도될 것이란 점에서, 그가 어떤 식으로 논리를 만들었는지를 한 번 분석해볼 필요가 있다.

친일청산 지지자들은 반민특위가 이승만 정권과 극우세력의 반격으로 와해되었다는 사실을 안타까워한다. 그때 제대로 청산했더라면 하는 아쉬움을 가슴에 품고 있다. 그들은 반민특위 활동에서 친일청산의 당위성과 역사적 근거를 찾으려고 한다. 미완의 반민특위 활동을 복원해서 친일청산을 완성해야 한다는 사명감을 가진 이들이 적지 않다. 반민특위에 대한 그 같은 향수가 민족문제연구소의 내력에도 투영되어 있다. 1991년 2월 27일 창립 당시, 이곳의 명칭은 반민족문제연구소였다. 반민특위 정신을 계승한다는 창립 취지가 최초의 명칭에 반영되었던 것이다.

〈친일청산이란 사기극〉에서 주익종은 반민특위와 친일청산을 분리시키는 접근법을 선보인다. 둘을 떼어놓음으로써 친일청산의 당위성과 역사적 근거를 약화시키기 위한 것이라고 볼 수 있다. 그는 "우리는 건국 직후 친일청산을 못한 게 아니라 반민족행위자 처벌을 못한 겁니다"라는 인상적인 문장으로 독자들의 주의를 환기시킨다. 그가 말하는 '건국'은 헌법 전문(서문)에 근거한 1919년 '임시정부 건국'이 아니라, 헌법적 근거가 없는 이영훈 식의 '1948년 건국'이다. 그가 말하는 건국은 '정부 수립'으로 바꿔 읽어야 한다.

주익종은 정부 수립 직후에 국회 반민특위가 시도한 것은 친일파 청산이 아니라 반민족행위자 처벌에 불과했다고 주장한다. "1948년 건국 후 제헌국회가 추진한 건 반민족행위자 처벌이었습니다"라고 한다. 애시당초 친일청산이 추진된 사실이 없다는 게 그의 주장이다.

반민특위는 '친일파를 처단하라'는 국민들의 열화와 같은 요구를 배경으로 설치되었다. 그렇기에 반민특위가 친일청산을 시도한 적이 없다는 말은 당시 국민들이 친일파 청산을 요구하지 않았다는 의미다. 해방 당시의 민족적 과제에 친일청산이 포함되지 않았다는 말인 것이다. 당시의 우리 국민들이 친일파는 물론이고 일제 지배에 대한 반감이 없었다는 주장을 펴기 위한 논리 전개라고 평가할 수 있다.

그렇다면, 반민족행위자 처벌은 무엇이고 친일파 처벌은 무엇인가? 그 둘은 다른 것인가? 독자들이 이런 의문을 가지리라고 예상한 주익종은 한마디를 던진다. 그는 "반민족행위자 처벌과 친일파 처벌이 같은 거 아닌가? 하고 묻는 이도 있겠습니다"라고 말한 뒤 "양자는 엄연히 다릅니다"라고 한다. 그러면서 "반민족행위자가 무언가 악랄하게 민족에 해를 끼친 자라고 한다면, 친일 인물은 단지 일제에 협력한 자, 일제와 친하게 지낸 자 아니겠습니까"라고 덧붙인다.

이 대목에서 그는 한 가지 비유를 제시한다. 조폭의 일원인 것과 조폭의 친구인 것은 전혀 다르다는 것이다. 조폭의 조직원이 되어 활동하면 범죄가 되지만, 단순히 조폭과 친하게 지내는 것 자체는 범죄가 되지 않는다는 것이다. 조폭과 친한 것이 범죄가 아니듯이, 일본과 친한 것이 반민족행위는 아니라는 이야기를 하고 있는 것이다. 그는 "반민특위가 처벌하려 한 것은 반민족행위였지, 일본과 친구가 되는 친일은 아니었다"고 주장한다. 반민족행위라는 커다란 범주에 친일 행위가 포함되었을 뿐, 양자가 그 자체로 서로 같았던 것은 아니라고 주장한다.

물론 반민족행위와 친일행위는 글자 뜻만 놓고 보면 서로 같지 않다. 하지만 중요한 것은 1948년 당시에는 두 가지가 동의어로 쓰였다는 사실이다. 언어는 사회적인 것이라고들 한다. 해방 직후의 한국 사회는 양자를 같은 뜻으로 사용했다.

이 점은 1948년 9월 22일 제정된 반민족행위처벌법(반민법)에서 명확히 확인된다. 반민법 제1조는 "일본 정부와 통모하여 한일합병에 적극 협력한 자, 한국의 주권을 침해하는 조약 또는 문서에 조인한 자와 논의한 자"를 처벌한다고 했다. 제2조는 "일본 정부로부터 작爵(작위)을 수受(받다)한 자 또는 일본제국의회의 의원이 되었던 자"를 처벌한다고 했다. 제3조는 "일본 치하 독립운동자나 그 가족을 악의로 살상·박해한 자 또는 이를 지휘한 자"를 처벌한다고 했다.

이런 식으로 반민법은 반민족행위를 친일행위로 국한했다. 반민법 상의 반민족행위는 곧 친일행위였던 것이다. 이는 반민특위가 처벌하려 했던 대상이 친일행위였음을 명확하게 보여준다. 이런데도 주익종은 '반민족'과 '친일'의 글자 뜻이 같지 않다는 점을 근거로 양자를 갈라놓으려 하고 있는 것이다. 그는 해방 당시에 반민족행위를 처벌하려는 시도는 있었어도 친일행위를 처벌하려는 시도는 없었다고 궤변을 펴고 있다.

만약 그의 말대로 해방 직후에 친일파 청산 시도가 없었다면, 그

후의 한국인들은 대체 무엇을 근거로 친일청산을 운운했던 것일까? 이에 대해 주익종은 반민족행위를 친일행위로 탈바꿈시키는 사기극이 해방 뒤에 있었다고 주장한다. 그런 사기극이 1965년 한일협정 전후로 일어났다는 게 그의 말이다. 그는 1965년 한일회담 반대세력이 이런 사기극을 연출했다고 말한다. 즉, "1964~65년 한일회담 반대운동 때 반민족행위자 처벌론이 친일청산론으로 탈바꿈해서 등장합니다"라고 주장한다.

주익종은 운동권과 야당이 한일회담을 반대할 목적으로 정부 수립 직후의 반민족행위자 처벌 문제를 친일청산 문제로 왜곡시켜 선전했다고 말한다. 실제로는 이때 처음 주장된 친일청산론이 1948년 반민특위에 의해서도 주장되었던 것처럼 왜곡되었다는 것이다. 그런 사기극의 주범이 바로 민족문제연구소의 정신적 지주인 "재야의 임종국이란 인물"이라는 게 주익종의 고발이다.

이처럼 주익종은 한·일 청구권협정과 더불어 한일기본조약 체결을 반대했던 운동권과 야당이 한일 국교수립을 저지할 목적으로 '반민특위=친일청산 기구' 혹은 '반민족 행위=친일 행위'라는 허구의 논리를 만들어냈다고 주장한다. 친일청산론이 1948년이 아니라 1965년에 처음 나왔다는 해괴한 논리를 펴고 있는 것이다.

주익종이 쓴 《반일 종족주의》 제18장은 반민특위와 친일청산의 고리를 끊고, 100년 적폐인 친일적폐의 청산을 어떻게든 저지하려는 극우 뉴라이트의 고심이 묻어나는 흔적이다. 앞으로 친일청산에 좀더 속도가 붙게 되면, 동종의 대응 논리가 지금보다 훨씬 더 많이 등장할지도 모르겠다.

# 7

## 일제 식민지배 청산을 거부하는 이유

●

보수세력은 5·18 광주항쟁 진상규명뿐 아니라 일제 식민지배 청
산에 대해서도 거부감을 피력한다. 일례로, 나경원 자유한국당 원
내대표는 2019년 3월 14일 최고위원회의에서 해방 정국하의 친
일청산 기구인 반민족행위특별조사위원회(반민특위)를 국론 분열
의 요인으로 지목했다. 그들이 거부감을 갖는 것은 친일청산으로
인해 타격을 받지 않을까 우려하는 것도 있지만, 또 다른 측면도
함께 작용하고 있다는 점을 고려하지 않을 수 없다. 그들은 일제
식민지배가 그렇게 사악하지만은 않았다는 인식을 갖고 있다. 그
런 관념을 갖고 있지 않다면, 그렇게 노골적으로 친일청산을 훼방
하기도 쉽지 않을 것이다.

일제 식민지배가 사악하지만은 않았다는 인식의 진원지 가운데

하나는 낙성대경제연구소다. 안병직과 이영훈이 주도하는 이 연구소는 '일제 통치는 나쁘지 않았을 뿐 아니라 좋기까지 했다'는 논리를 유포하고 있다.《반일 종족주의》제4장〈일본의 식민지 지배 방식〉편을 집필한 김낙년 동국대학교 경제학과 교수가 이 논리를 집중적으로 담당하고 있다.

김낙년은 도쿄대학교 박사학위논문인〈일본의 식민지 투자와 조선경제의 전개日本の植民地投資と朝鮮經濟の展開〉를 토대로, 한·일 월드컵이 있었던 2002년 일본에서《일본제국주의하의 조선경제日本帝國主義下の朝鮮經濟》란 저서를 펴냈다. 이 책에 대해 야마모토 유조 교토대학교 명예교수가 쓴 서평이 일본 정경사학회政經史學會가 2004년 발행한《역사와 경제歷史と經濟》에 실렸다.

서평에서 야마모토는 "제국주의하의 자국 역사를 냉정하게 서술하는 것은 결코 쉽지 않다"는 김낙년의 글을 소개한 뒤 "그것이 지금 김낙년 씨에 의해 이 책의 형태로 실현된 것을 축하하고 싶다"고 말했다. 김낙년이 일제 식민지배를 제3자 관점에서 냉정하게 분석하고 있다고 높이 평가한 것이다. 그러면서 야마모토는 "일·한 양국 학계가 식민지 경제사를 향한 하나의 접근법으로서 이번 성과를 공유하고 발전시킬 기회를 갖게 되기를 바란다"고 당부했다. 김낙년의 관점이 한·일 양국에서 두루 공유될 수 있기를 희망한 것이다.

야마모토의 극찬을 받은 김낙년의 관념을 한마디로 요약하면 '일본은 먹튀가 아니었다'는 것이다. 맘껏 착취한 뒤 버리려 했던 게 아니라 일본과 하나로 만들기 위해 한국을 개발하려 했다는 것이다.《반일 종족주의》제4장에서 그는 일본의 식민지배가 추구한 것은 동화주의였다고 말한다. 식민지 한국에서 자국 제도를 이식하고 두 지역을 동질화해서 최종적으로는 일본의 일개 지방으로 편입하려 했다고 말한다. 그런 작업의 결과로 식민지 한국을 완전하고 영구적인 일본의 일부로 만들려고 했다는 것이다. 착취하기 위해서가 아니라 하나가 되기 위해서 식민지배를 했다는 게 그의 요지다.

똑같은 발상이 이영훈의 글에도 나타난다. 이 책의 제2장에서 이영훈은 일제의 토지조사사업을 토지 수탈로 이해하는 한국인들을 비판하면서 일제 식민지배의 성격에 관한 자신의 생각을 밝혔다. 그는 "일제의 조선 병합은 몇 조각의 토지를 수탈하기 위한 목적이 아니었"다고 한다. 그리고 총 면적 2,300만 헥타르인 한반도를 일본 영토로 편입해 영구히 지배할 목적이었다고 말한다. 한국인 전체를 일본인으로 동화시킬 거대 프로젝트의 일환으로 식민지배를 했다고 그는 주장한다.

이런 목적을 위해 일본이 자국의 법과 제도를 이 땅에 이식했을 뿐이라고 그는 변호한다. 자국 제도를 이식하려니 전국의 토지가 얼마나 되는지, 토지의 형질이 어떠한지, 소유자가 누구인지를 조사해야만 했다는 것이다. 그래서 나온 것이 토지조사사업이라고 그는 말한다.

일제의 동화정책은 '내선일체[內鮮一體]'라는 한마디로 표현할 수 있다. 일본[內]과 조선[鮮]은 하나라는 이 구호는 중국 침략을 원활히 전개할 목적에서 나왔다. 식민지 한국의 인력과 물자를 동원해 대륙에서 전쟁을 수행하고자, 한국인들의 반발을 사전에 무마하려고 내세운 논리였다. 그 같은 내선일체로 표현되는 동화정책이 빈말이 아니라 진심이었다는 게 《반일 종족주의》 저자들의 주장이다.

그게 진심이었다 해도 문제가 되고, 빈말이었다 해도 문제가 된다. 어느 쪽이든 문제가 될 수밖에 없다. 그런 것을 근거로 낙성대경제연구소가 식민지배를 미화하고 있는 것이다. 하지만 그들은 그런 문제점에 개의치 않고 자신들의 주장을 '소신껏' 개진한다. 일본이 한국을 동화시키기 위해 벌인 노력들을 열심히 소개한다. 김낙년이 제시한 것은 크게 세 가지다.

첫째, 화폐 통합이다. 일본이 조선은행권과 일본은행권을 1대 1로 교환시켰다는 점을 높이 평가한다.

둘째, 시장 통합이다. 식민지 한국과 일본 사이의 거의 모든 관세가 폐지된 점을 들면서 "몇 개 품목은 예외로 두었지만, 그것도 점차 폐지되었"다고 말한다.

셋째, 법률적 통합이다. 일부 예외를 제외하고 일본과 식민지의 법률제도가 통합되었다고 말한다. 일본뿐 아니라 동서고금의 어느 침략국이든지 다 하게 되어 있는 일들을 아름답게 포장하고 있는 것이다.

화폐·시장·법률 차원에서 전개된 그런 시도들로 인해 식민지와 일본의 지역 통합이 촉진되었고, 그 결과로 두 지역이 지금의 유럽연합 수준에 도달했다는 게 김낙년의 주장이다. "이러한 지역 통합은 일본제국 전체로 확대되었는데, 현재의 유럽연합인 EU와 닮아 있기 때문에 그것과 비교해볼 수 있"다는 게 그의 말이다. 물론 그가 식민지배 당시의 한일관계가 EU 회원국 간의 관계와 완전히 똑같다고 말한 것은 아니다. 그는 EU는 참가국이 경제주권의 제약을 자발적으로 받아들인 데 비해, 일본의 지역 통합은 식민지에 대한 제국주의적 지배의 형태를 띠었다는 점에서 결정적인 차별성을 갖는다고 인정했다. 그러면서도 그는 일본과 식민지 한국이 개방되어 상품과 자본과 노동이 자유롭게 이동했다는 점에 주목한다. "그 결과, 역내의 경제 변화가 급속히 촉진된다는 점에서는 EU와 동일한 효과를 갖게 되었다고 할 수 있"다고 그는 해석했다.

김낙년은 그런 경제통합의 결과로 식민지 한국의 경제 변화가 급속히 촉진되었다고 주장한다. 그가 증거로 예시하는 것 중 하나는 한국인 소유의 공장이 늘었다는 점이다. 그는 "공장 수의 추이를 보면, 합병 초기에 조선인 공장 수는 보잘것없었고, 1920년대까지 일본인 공장 수에 미치지 못했지만, 그 후에는 급증해서 일본인 공장 수를 능가"했다고 말한다. 식민지배 기간에 한국인 공장 숫자가 점점 증가하다가 결국에는 일본인 공장을 능가했다는 것이다. 기업체 숫자는 일본인의 것이 훨씬 많았지만, 공장 숫자만큼은 결국 한국인의 것이 더 많게 되었다는 점을 그는 높이 평가했다.

사실, 한국인 인구가 일본인 인구보다 훨씬 많은 한반도에서 한국인 공장이 더 많았다는 점은 당연한 일이라고 할 수 있다. 그런데도 김낙년은 이 점을 높이 평가했다.

그런데 흥미로운 것은, 그가 바로 뒷부분에서 자기 주장을 스스로 퇴색시키는 말을 한다는 점이다. 그는 "다만, 자본금 규모로 보면 일본인 회사가 압도적으로 컸으며, 대규모 자본이나 근대적 기술이 요구되는 산업에서는 일본인이 주도"했다고 인정한다. 그의 말을 종합하면, 자본금 규모에서는 일본 공장이 압도적으로 우세했지만, 공장 숫자만큼은 한국인 공장이 더 많았다는 것이다. 한국인 공장이 더 많았다는 점을 근거로 식민지배가 한국인들에게 유리했다는 메시지를 전하고자 하는 것이다.

한국인 공장이 더 많았는데도 자본금 규모에서 일본인 공장이 압도했다는 것은, 그만큼 한국인 공장들이 불리한 조건에서 운영되었음을 의미한다. 일본인 공장들이 일당백의 힘을 발휘할 수 있을 만큼, 공업 분야에서 민족차별이 심각했음을 보여주는 것이다. 또한 경영을 둘러싼 법적·제도적·경제적 여건이 일본측에 유리했음을 가리키는 것이다. 일본이 선전한 내선일체가 그야말로 허구에 불과했음을 반영하는 것이라 볼 수 있다.

이영훈이나 김낙년 같은 식민지 근대화론자들은 일제가 먹튀가 아니었음을 입증하고자 "일본이 영구 지배를 희망했으며 이를 위해 식민지와의 차별을 없애려 했다"고 주장한다. 하지만 위와 같이 그들의 논리는 그들 자신의 주장에 의해 금이 가고 있다. 이렇게 될 수밖에 없는 것은, 그들이 입증하고자 하는 바가 실체 없는 가상의 것에 불과하기 때문이다. 일제가 식민지와의 차별을 없애고 완전한 하나의 나라를 지향한 적도 없는데, 그것을 무리하게 입증하려다 보니 논리적 모순을 드러내지 않을 수 없는 것이다.

식민지 근대화론자들의 논리가 이처럼 허술하다는 것은, 이들의 이론적 뒷받침을 믿고 친일청산을 저해하며 나아가 사회 발전을 저지하는 보수세력의 전망도 밝지 않음을 보여준다. 자신들을 뒷받침하는 이론가 그룹이 이 정도로 허술하다는 것을 알게 된다면, 보수세력의 실망감도 이만저만이 아닐 수 있다.

# 8

## '우리 안의 위안부'론

●

2004년 가을, 이영훈은 한국 사회를 시끌벅적하게 만들었다. 그해 9월 2일 MBC 〈100분 토론〉 '과거사 진상규명 논란' 편에 출연한 그는 위안부 피해자와 성매매 여성을 동일 선상에 놓는 빌언을 해서 국민의 공분을 자초했다. 여론이 악화되자 이영훈은 9월 5일 해명서를 발표해, 진의가 잘못 전달되었다며 진화에 나섰다. 해명서에서 그는 "일본군이 위안소를 설치하여 여성을 강제동원하고 감금하여 병사들에게 성적 위안을 강제한 행위는 국제사회가 협약으로 금하고 있는 성노예 범죄"라며 자신도 위안부 피해자들의 아픔을 공감하고 있음을 보여주고자 했다.

다음 날인 9월 6일 오전, 그는 경기도 광주시에 있는 나눔의집을 방문해 위안부 피해자들에게 직접 사죄했다. '사과'가 아니라 '사죄'라고 해야 할 수준이었다. 피해자들에게 큰절을 올리고 50분 가량 두 손을 모은 채로 서 있었다. 하지만 피해자들은 사죄를 받아들이지 않았다. 김군자 할머니(2017년 별세)는 "뚫린 입이라고 막말을 하느냐?"고 소리쳤고, 이옥선 할머니는 "일본인 아니냐?"며 "당장 호적등본 떼와라!"라고 호통쳤다. 이영훈은 '위안부 강제동원은 범죄'라며 "할머니들이 일제강점기 성노예자라는 역사 인식에 동의하며, 철저한 역사청산이 이뤄질 수 있도록 최선을 다하겠다"는 말로 거듭 용서를 구했다. 위안부 강제동원의 불법성을 인정한 일종의 '이영훈 담화'를 발표하면서 사태 진화를 시도했던 것이다.

하지만 그의 인식이나 주장은 달라지지 않았다. 세월이 15년이나 흐른 2019년 7월에 펴낸 《반일 종족주의》를 읽어보면, 그의 인식이 〈100분 토론〉 때나 지금이나 별반 다를 바 없음을 알 수 있다.

이 책의 제3부 〈종족주의의 아성, 위안부〉의 첫 번째 글은 〈우리 안의 위안부〉다. 글의 요지는 '일본군 위안부는 해방 후의 한국군 위안부, 미군 위안부와 같을 뿐 아니라 그 전부터 존재했던 일반 성매매 여성과도 다를 바 없다'는 것이다. 일본군 위안부와 똑같은 제도가 '우리 안'에도 있었다는 게 핵심 메시지다. 일본군 위안부보다 우리 안의 위안부를 먼저 돌아보자는 게 그의 주장이다.

그는 〈우리 안의 위안부〉 중에서 일본군 위안부를 그대로 복제해놓은 게 있다고 말한다. 한국전쟁(6·25전쟁) 때의 한국군 위안부가 바로 그것이라고 주장한다. 그는 "1951년의 어느 시기로 추측"된다면서 국군이 장병에게 성적 위안을 제공할 목적으로 특수위안대를 설립했다고 말한다. 1956년 육군본부가 편찬한 《6·25사변

후방 전사戰史》를 인용하면서, 장병들의 사기를 앙양하고 성적 욕구를 해소해줄 목적으로 특수위안대가 설립되었다고 말한다.

그는 특수위안대에 속한 위안부 여성을 700명 정도로 추산했다. 이들이 하루 평균 6.3명을 상대하는 "성교 노동"을 강요당했다고 한 뒤 "그것은 하나의 전쟁 문화"였다고 주장한다. 한국전쟁 때도 '전쟁 문화' 차원에서 위안부가 있었으니 '일본군 위안부도 그런 차원에서 바라보자'는 메시지를 던지고 싶었던 모양이다.

그가 한국군 위안부와 더불어 비중 있게 다루는 것은 일반 성매매 여성이다. 그는 이들을 '민간 위안부'라 부른다. 이들을 일본군 위안부와 분리시켜 생각하는 한국인들의 태도에 그는 의문을 제기한다. 그는 군대 위안부는 역사 속에서 항상 존재했다면서, 조선시대 전기인 15세기부터 이런 위안부가 존재했다고 말한다. 또 일제가 패망한 1945년 이후에도 우리 사회에 계속 존재했다고 말한다.

그는 성매매 여성이 한때 위안부로 불린 사실을 부각시킨다. 이들이 일본군 위안부 피해사와 다를 바 없음을 강조하기 위해서다. 그는 1966년까지 나온 정부의 《보건사회통계연보》에서 성매매 여성이 위안부로 불린 사실을 거론하면서, 위안부 제도는 일제 패망과 더불어 사라진 게 아니라 1960년대까지 존속했다고 말한다. 단순히 존속하기만 한 게 아니라 오히려 번성하기까지 했다는 게 그의 말이다.

그는 일반 성매매 여성들을 "일본군 위안부의 계보를 잇는 존재"로 규정한다. 불특정 다수의 남성을 상대한다는 점과 더불어 '위안부'라는 똑같은 명칭을 사용한 적이 있음을 근거로, 일본군 위안부 피해자와 성매매 여성을 동일시하는 것이다. 어떤 조건이 충족되어야 일본군 위안부 피해자로 볼 수 있는지를 따지지 않고, 위안부라는 호칭의 동일성을 근거로 그렇게 규정하는 것이다.

어떤 조건이 충족되어야 일본군 위안부 피해자로 볼 수 있는지는, 이 문제에 관한 일본 정부의 공식 입장인 고노 담화에서 드러난다. 1993년 8월 4일 내각 대변인인 고노 요헤이河野洋平 관방장관이 발표한 이 담화에서는 "위안소는 당시 군 당국의 요청에 따라 마련된 것이며, 위안소의 설치·관리 및 위안부의 이송에 관해서는 옛 일본군이 직접 또는 간접적으로 이에 관여했다"고 인정했다. 여기서도 나타나듯이 한·일 간에 거론되는 위안부는 '일본 국가권력에 의해' 동원된 피해자들을 지칭한다.

또 고노 담화에서는 "위안부의 모집에 관해서는 군의 요청을 받은 업자가 주로 이를 맡았으나, 그런 경우에도 감언·강압에 의하는 등 본인들의 의사에 반해 모집된 사례가 많았"다고 인정했다. 이 말에서 나타나듯이 한·일 간에 거론되는 위안부 피해자는 '강제동원'된 여성들을 지칭한다. 고노 담화는 또 "위안소에서의 생활은 강제적인 상황하의 참혹한 것이었다"고 인정했다. 위안부는 참혹한 성노예였다는 것이다.

종합하면, 한·일 간에 거론되는 위안부는 '일본 공권력에 의해 강제적으로 동원돼 참혹한 성노예 생활을 한 여성'들을 지칭한다. 설령 위안부로 불린다고 해도, 이 요건에 부합하지 않으면 '일본군 위안부 피해자'라고 할 수 없는 것이다.

물론 민간 성매매 여성들이라고 해서 자발적으로 그 일을 선택한 것은 아니다. 그들 대부분이 그 일을 할 수밖에 없는 데는 사회적 영향도 매우 크다. 취약 계층을 성매매로 내모는 시스템이 우리 사회에 작동하고 있음을 부정할 수 없다. 이들과 관련된 우리 사회의 부조리도 당연히 규명되고 청산되어야 한다.

하지만 민간 성매매 여성의 문제는 일본군 위안부 문제와 본질이 다르다. 본질이 다르므로 해결 방법도 달라야 한다. 단순히 명칭이 같다는 이유만으로 양자를 동일시할 수 없다. 그렇게 되면 두 사안에 대해 똑같은 해결 방법을 쓰게 되고, 이는 해결의 실패로 이어질 가능성이 크다. 민간 성매매 여성 문제를 올바로 해결하기 위해서라도 이 문제를 일본군 위안부 문제와 떼어놓아야 하는 것이다.

그런데도 이영훈은 명칭이 같다는 이유로 두 문제를 똑같이 놓고 바라본다. 그러고는 일본군 위안부에 대한 우리 사회의 반응을 비판한다. 민간 성매매 여성도 많은데 일본군 위안부 문제만 따지는 이유가 무엇이냐는 것이다.

그는 미군 위안부 문제도 언급한다. 그는 해방 이후로 '우리 안의 위안부'를 가장 오랫동안 대표하는 것이 다름 아닌 미군 위안부라고 말한다. 민간에서 이들을 지칭하는 표현은 '양색시·양공주·양갈보' 등이지만, 이들의 공식 호칭도 미군 위안부였다고 말한다.

미군 기지촌 여성들의 호칭에 관한 그의 언급은 제21장 〈우리 안의 위안부〉 안에 있는 '미국군 위안부'라는 소제목 아래에서 처음 나오는 부분이다. 첫 문장에서 호칭 문제를 비중 있게 다룬 것은 일본군 위안부와 미군 위안부가 똑같이 불렸음을 강조하기 위해서라고 볼 수 있다. 호칭 문제에 대한 그의 집착을 반영하는 대목이라 할 수 있다. 이처럼, 조선시대부터 민간 위안부가 있었고 1900년대에는 일본군 위안부뿐 아니라 한국군 위안부와 미군 위안부도 있었거늘, 일본군 위안부 문제만 꼭 집어내 문제 삼는 것은 바람직하지 않다는 게 그의 주장이다.

그가 자신 있게 결론을 내리는 최대 근거는 민간 위안부, 일본군 위안부, 한국군 위안부, 미군 위안부가 한때 똑같은 호칭으로 불렸다는 사실이다. 각각의 특성이 어떤지는 비교하지 않고, 단순히 호칭만 놓고 성급하게 결론을 내린 것이다.

이 이야기는 여기서 끝나지 않는다. 각각의 위안부 문제가 다 똑같다고 주장하면서도, 그는 특정한 위안부 문제에 대해서는 '특별대우'를 호소한다. 비판하려면 다 똑같이 비판해야 한다고 해놓고, 특정 위안부 문제에 대해서는 '선처'를 호소하는 것이다.

그가 일본군 위안부 문제에 대한 비판을 외면한다는 점은 잘 알려져 있다. 그는 위안부 문제 해결을 촉구하는 한국인들을 비판하면서도, 정작 위안부 강제동원을 자행한 일본에 대해서는 비판을 삼간다. 이런 모습을 보면서 '그는 왜 유독 일본에 대해서만 침묵할까?' 하는 생각이 들 수도 있다.

하지만 그런 생각을 해서는 안 된다. 그가 일본에만 '선처'를 베푸는 게 아니기 때문이다. 그는 그런 태도를 미군 기지촌 문제에 대해서도 유사하게 표출한다. 미군 기지촌 문제를 명분으로 박정희·전두환 정권을 비판하거나 한미동맹을 비판하는 것에 대해 경계심을 표시한다.

그는 "사회운동가들은 미군 위안부 문제가 국가의 폭력이었다고 비판"한다면서 그들이 미군 위안부 문제를 박정희·전두환 정부의 책임으로 돌리면서 국가배상을 요구하고 있다고 말한다. 그는 "저는 그들에게 지적하고 싶습니다"라면서 그 시절 전국 도처의 사창가 여성들은 훨씬 더 비참했다고 말한다. 미군 위안부보다도 일반 성매매 여성들의 고통이 훨씬 더 컸다는 것이다. 이처럼 미군 위안부보다 더 열악했던 성매매 여성들이 있는데 미군 위안부 문제를 거론할 필요가 있느냐고 그는 말한다. 또한 미군 기지촌 문제를 비판하는 한국인들을 겨냥해 "그들은 위안부 문제의 근원에 한미동맹이 있다고 주장"한다고 한 뒤 자신은 그런 주장에 동조하지 않는다고 강조했다.

그는 우리 사회가 성매매를 금지하면서도 미군 위안부를 용인하는 것이 위선적이라는 점을 인정한다. 그러면서도 "그렇지만 저는 그 수준에 관한 한, 우리의 인생살이 자체가 위선적이라고 생각합니다"라고 말한다. 한미동맹에서 파생되는 미군 기지촌 문제를 비판해야 할 대목에서 '우리 인생 자체가 다 위선'이라는 엉뚱한 말로 얼버무린 것이다.

이로써 드러나는 것은, 그가 일본군 위안부뿐 아니라 미군 위안부 문제 역시 불거지는 것을 원치 않는다는 점이다. 이는 위안부 문제에 대한 그의 인식이 한·미·일 삼각동맹과 무관치 않음을 의미한다. 한·미·일 삼각동맹에 대한 집착으로 인해, 위안부 문제와 관련해 일본과 미국을 변호하고 있을 가능성을 보여주는 것이다. 그가 학술적 관점이 아니라 정치적 관점으로 위안부 문제를 바라보고 있음을 뜻한다. 《반일 종족주의》에 나열된 그의 주장들이 치열한 학문적 탐구의 결과가 아니라, 한·미·일 삼각동맹에 대한 정치적 사고의 산물임을 보여주는 것이다.

위안부 할머니들에게 호된 꾸지람을 받던 2004년, 그는 "일본군이 위안소를 설치하여 여성을 강제동원하고 감금하여 병사들에게 성적 위안을 강제한 행위는 국제사회가 협약으로 금하고 있는 성노예 범죄"라고 인정하는 '이영훈 담화'를 발표했다. 그래놓고도 그날의 사죄에 아랑곳하지 않고, 위안부에 관한 망언들을 《반일 종족주의》에 가득 담았다. 나눔의집에서 큰절을 올리고 50분간 두 손 모은 채 할머니들의 말씀을 경청했을 때, 그가 어떤 생각을 품고 있었을지를 느끼게 해주는 대목이다.

필자는 2019년 2월 나눔의집을 방문했을 때, '일본군 위안부 역사관' 벽면에 "사과를 받아내기 위해 저희가 더 노력하겠습니다. 항상 죄송합니다"라는 방문객 쪽지가 붙은 것을 발견했다. 이 쪽지 내용처럼 일본의 사과를 받아내기 위해서도 노력해야겠지만, 이영훈 이사장 같은 뉴라이트들로부터 사과를 받아내기 위해서도 노력해야만 한다. 일본 정부 및 일본 극우 못지않게 한국 뉴라이트들도 위안부 문제 해결에 걸림돌이 되고 있기 때문이다.

# 9

# 문옥주 할머니의 증언

●

일본 극우파와 한국 뉴라이트는 일본군 성노예(위안부 피해자)들이 성노예가 아니라 자유인이었다고 주장한다. 작년 7월 개봉한 다큐멘터리 영화 〈주전장〉에 등장하는 일본 극우파와 그들에게 동조하는 미국인들은 "그들은 그저 매춘부에 불과했고 보수도 상당히 받았다"고 주장한다. 작년 9월 19일 연세대학교 류석춘 교수는 '매춘부와 무엇이 다르냐?'는 망언을 해서 사회적 공분을 일으켰다.

《반일 종족주의》 역시 위안부를 매춘업과 연관시킨다. 이 책의 제23장 〈일본군 위안부 문제의 진실〉 편에서 이영훈은 "저는 일본군 위안부가 성노예였다면, 해방 후의 민간이나 기지촌의 위안부는 그보다 훨씬 가혹한 성노예였다고 생각합니다"라고 한 뒤, 위안부 인권운동가들을 겨냥해 "그들은 빈곤 계층의 여인들에 강요된

매춘의 긴 역사 중 1937~45년의 일본군 위안부만 도려낸 가운데 일본 국가의 책임을 추궁하였습니다"라고 말한다. 일본군 위안부 역사가 '매춘의 긴 역사' 가운데 한 부분이라는 것이다.

이렇듯 위안부를 바라보는 시각이 류석춘과 별반 차이가 없다. 이영훈은 이 책에서 "물론 차이는 있었습니다. 민간의 공창제에 비해 군 위안부제는 고노동, 고수익, 고위험이었습니다"라고 하며 차이가 전혀 없다고 말하지 않는다. 많은 병사를 상대해야 하다 보니 '고노동', 그래서 많은 돈을 벌다 보니 '고수익', 그렇지만 전쟁 중의 활동이다 보니 '고위험'일 뿐이지, 일본군 위안부 역시 '매춘의 긴 역사' 속에 포함된다는 것이다.

그것을 증명하고자 이영훈이 《반일 종족주의》 제23장에서 상당히 비중 있게 거론하는 인물이 있다. 바로 위안부 피해자 문옥주 할머니. 제23장 중 소제목인 '방패사단의 위안부 문옥주' 부분에서 이에 관한 언급이 자세히 이어진다.

문옥주는 3·1운동 5년 뒤인 1924년 4월 23일 대구에서 출생했다. 16세 때인 1940년 위안부로 강제연행되어 중국과 미얀마(버마)에서 성노예 생활을 한 뒤 해방 이듬해인 1946년 귀환했다. 1996년 10월 26일자 대구 《매일신문》의 부고기사 〈일군日軍 위안부 문옥주 할머니 숨져〉는 귀국 뒤 그의 인생을 이렇게 압축했다.

일제의 정신대 만행을 폭로한 대구의 첫 증언자였던 고 문옥주 할머니는 평생 결혼도 못하고 피붙이라고는 없이 파출부와 보따리장사로 번 돈을 약값으로 쓰면서도 죽는 순간까지 서푼어치 배상을 거부하고 일본 정부의 공식 사과를 받아내기 위한 노력을 늦추지 않았던 조선의 딸이었다.

하지만 '조선의 딸' 문옥주가 성노예도 아니고 피해자도 아니라는 게 이영훈의 주장이다. 이영훈은 모리카와 마치코 작가가 3년간 인터뷰를 토대로 1996년에 펴낸《문옥주, 버마전선 방패사단의 위안부였던 나文玉珠—ビルマ—線楯師—の慰安婦だった私》를 근거로 그런 주장을 개진한다(문옥주의 일대기를 그린 이 책은 김정성 교토대학교 연구원에 의해 국내에는《버마전선 일본군 위안부 문옥주》[아름다운사람들, 2005]라는 제목으로 번역되었다). 이 책에 따르면, 문옥주는 1940년 가을에 강제연행되었다. 일본 이름을 사용하는 한국인 친구 하루코의 집에서 놀다가 저녁이 되어 귀가하던 중 벌어진 일이었다.《버마전선 일본군 위안부 문옥주》의 한 대목을 살펴보자.

그날도 하루코 네서 놀다가 저녁이 되어, 걸어서 이십 분 정도 되는 거리의 집으로 돌아가던 도중 "너, 여기로 잠깐 와" 하는 소리에 놀라서 멈춰섰다. 그때 나를 불러 세운 사람들은 일본인 헌병과 조선인 헌병, 조선인 형사였다.

그 길로 문옥주는 헌병대에 끌려간 뒤 다음 날 대구에서 기차에 태워져 만주의 위안소로 끌려갔다.

하지만 이영훈은 문옥주가 끌려갔다는 사실을 부정한다.《반일종족주의》에서 그는 "헌병에 잡혀갔다고 했지만, 그대로 믿어서는 곤란합니다. 어머니나 오빠의 승낙하에 주선업자에게 끌려간 것을 그렇게 둘러대었을 뿐입니다"라고 말한다. 이영훈은 근거를 대지 않았다. 대신 그는 위 문장의 바로 앞에 "문옥주의 집은 찢어지게 가난하였습니다. 양식이 떨어지면 7~8세의 문옥주는 이웃집을 다니면서 동냥을 하였습니다"라는 두 문장을 배치했다. 독자 스스로 가난 때문에 문옥주가 자발적으로 위안부가 됐으리라는 생각을 품도록 유도하기 위해서였던 것으로 보인다.

또 이영훈은 문옥주가 성노예가 아님을 보여주고자 그가 돈을 많이 벌었다는 점을 강조했다. 그는 "문옥주는 1943년 8월부터 저금을 하기 시작했습니다. 짐작건대, 그전에는 전차금을 상환하느라 돈을 모으기 힘들었을 것으로 보입니다. 저금은 1945년 9월이 마지막이며 총액은 2만 6,551원이었습니다"라고 말했다. 여기서 '전차금'은 선금이고, '원'은 '엔'으로 읽어야 한다.

1943년 당시 일본군 육군 중장의 연봉이 5,800엔이었다. 문옥주의 저금 액수는 육군 중장의 4년 6개월치 월급에 해당한다. 그러나 중요한 것은, 다른 위안부들과 마찬가지로 문옥주 역시 실제로는 돈을 만지지 못했다는 점이다. 서류상으로만 금액이 쌓여갔던 것이다. 1992년 5월 13일자 《한겨레》 기사 중 〈일제 종군위안부 군사우편저금, 일日 저축금 원부서 확인〉은 다음과 같이 말한다.

태평양전쟁 때 일본군에 의해 종군위안부로 끌려가 고통을 당했던 문옥주(68) 씨의 우편저금이 일본 당국의 저축금 원부에 그대로 남아 있는 사실이 11일 확인됐다. 일본 《교도통신》에 따르면, 문 씨는 이날 야마구치현 시모노세키 우체국을 방문해 강제연행된 뒤 미얀마(옛 버마)에서 저축했던 군사우편저금을 돌려줄 것을 요구했다.

이영훈은 "문옥주는 악착같이 꽤 많은 돈을 벌었습니다"라며 "인기가 많고 능력이 있는 위안부였기 때문입니다"라고 말했다. 이처럼 문옥주가 고수익을 거둔 것처럼 말했지만, 실상은 돈을 손에 쥐지 못했다. 그래서 문옥주가 1992년 시모노세키로 건너가 금전 지급을 청구했던 것이다.

하지만 문옥주는 그 돈을 끝내 받지 못했다. 2016년 5월 17일자 《연합뉴스》 기사 중 〈위안부 피해자 고 문옥주 증언, 기록 일치〉에서 "문 씨는 1996년에 세상을 떠나 돈을 돌려받지 못했다"고 보도했다. 시모노세키를 방문한 1992년으로부터 4년이 경과하도록 일본이 돌려주지 않았던 것이다.

이영훈은 문옥주가 성노예가 아님을 입증하고자, 그가 계약이 만료되어 귀국길에 올랐다가 스스로 귀국을 보류하고 위안부 생활을 좀더 했다는 이야기를 꺼낸다. 그러고는 "이 사건이 위안부의 성격과 관련하여 시사하는 바는 매우 중요합니다"라면서 "위안부 생활은 어디까지나 그들의 선택과 의지에 따른 것이었습니다"라고 결론을 내린다.

"계약이 만료됐다", "스스로 귀국을 보류했다" 등의 표현을 접하다 보면, 위안부 생활이 마치 자발적 선택의 결과였던 것 같은 느낌을 받을 수도 있다. 하지만 중요한 것은, 이영훈이 《버마전선 일본군 위안부 문옥주》를 근거로 위의 결론을 내렸지만, 실제로 이 책에는 그런 내용이 없다는 점이다.

문옥주가 귀국 허가를 받은 것은 사실이다. 일본이 패망해가는 데다가 미얀마에 대한 공습이 심해서 생명과 안전을 담보할 수 없게 되자 문옥주가 이곳을 벗어나기 위해서 벌인 조작극의 결과였다. 《버마전선 일본군 위안부 문옥주》의 한 대목이다.

> 손님으로 오는 군의관에게 이 문제에 대해 상의하였다. "귀국하기 위한 증명서가 필요한데요. 손에 넣을 수 없을까요?"라고. 그러자 그 군의관은 내가 폐병이 났다는 진단서를 써주었다. 군의 중좌와 소좌 두 사람의 서명으로 진단서에 "기침을 하면 가끔 피를 토함"이라고 써주고는 "당신이 너무 건강해 보이면 거짓 진단서인 것이 들통나서 내 목이 날아가니 꼭 병자처럼 행동해요"라고 당부했다.

병사들과 신체적으로 접촉하는 위안부가 폐병에 걸렸다면, 부대에서 어떤 조치를 취할지는 충분히 예상할 수 있는 일이다. 문옥주가 귀국 허가를 받은 것은 가짜 진단서로 일본군을 속였기 때문이다. 일본군이 위안부에게 자유 선택을 허용해준 결과가 아니었다.

그리고 문옥주가 귀국을 포기한 것은, 책에 따르면 선박을 타기 직전 대합실에서 깜빡 졸다가 아버지의 환영을 봤기 때문이다. 아버지는 지금 가는 길이 위험하니 그냥 돌아가라고 했다. 그전에도 공습 전에 아버지가 꿈에 나타나 계시를 해준 일이 있었다. 그런 경험 때문에, 이때도 귀국을 포기했던 것이다. 실제로 문옥주가 타려고 했던 배는 미군 잠수함의 공격으로 침몰되었다.

성노예 생활에서 벗어날 수 있었던 문옥주가 다시 그 생활로 돌아간 것은 그가 자유인임을 보여주는 증표가 아니다. 위험을 피하려면 그 길 외에 달리 다른 선택지가 없었던 것이다.

이 외에도 이영훈은 문옥주가 일본 병사를 죽인 뒤 법정에서 행한 진술도 근거로 제시한다. 술 취해서 칼을 휘두르는 병사로부터 칼을 빼앗아 정당방위를 한 문옥주가 군사법정에서 "우리도 일본인이기는 마찬가지다"라며 "천황 폐하가 내린 칼을 일본군을 위안하러 온 위안부를 향해 겨누는 것은 잘한 일인가"라며 자신을 변호하자, 재판관이 그 말에 감복해 무죄판결을 내렸다는 점을 근거로 든다.

문옥주가 이처럼 높은 자아의식을 가진 것은 그가 성노예가 아니었음을 보여주는 증거라고 이영훈은 해석한다. 살아남기 위해 일본 판사한테 '아부성 발언'을 한 것을 그렇게 평가했던 것이다. 문옥주의 그 발언이 살아남기 위한 몸부림이었다는 점은 법정에 가기 전 그가 어떤 생각을 했는가에서도 드러난다. 문옥주는 재판을 받기 전에 자신이 무슨 생각을 했는지를 이렇게 서술했다.

조선인인 내가 일본 군인을 죽였으니 아무 일 없었던 것처럼 넘어가지 않을 것은 불을 보듯 훤했다. 어떻게 하지, 어떻게 하면 되지, 아무리 열심히 생각해도 좋은 수가 떠오르지 않았다. 감옥 안에서 그저 이것저것 되는 대로 계속 빌어보는 수밖에 없었다.

문옥주는 판사 앞에서는 자신이 일본인인 것에 대해 자부심을 갖고 있는 것처럼 말했지만, 이처럼 재판 전에는 '조선인인 내가 일본군을 죽였으니 어쩌지'라고 생각하고 있었다. 그런 고민 끝에 나온 말이 "우리도 일본인"이라는 법정 진술이었다. 이 말을 하면서 그는 판사의 안색을 살폈다. 그 순간을 그는 이렇게 회고한다.

> 그렇게 말했을 때 재판관은 고개를 끄덕였고, 순간적으로 얼굴색이 싹 변했다. 뭔가 좋은 느낌이 들었다. '어쩌면 일이 잘 풀릴지도 몰라' 하는 직감이 들었다.

문옥주가 "우리도 일본인"이라고 발언한 것은 일본인으로서의 자의식을 가졌기 때문도 아니고, 성노예가 아니기 때문도 아니었다. 그저 일본 판사를 상대로 살아남기 위해 한 발언이었을 뿐이다.

이처럼 이영훈은 '조선의 딸' 문옥주가 돈도 많이 벌고, 귀국 허가도 받고, 높은 자아의식도 가진 점들을 근거로 "위안부는 성노예가 아니었다"라는 주장을 개진한다. 그러면서 《버마전선 일본군 위안부 문옥주》를 증빙자료로 제시한다. 하지만 그가 제시한 증빙자료는 지금껏 설명한 것처럼 일본 극우와 한국 뉴라이트의 주장을 반박하는 것들뿐이다.

# 10

## 공감 능력이 없는 자유주의 신봉자들

●

《반일 종족주의》는 언뜻 보면 설득을 목적으로 하는 책처럼 보인다. 한국인의 반일감정에 담긴 문제점을 조목조목 비판하면서, 새로운 한일관계 정립을 지향하기 위해 쓰인 책처럼 비칠 수 있다.

하지만 이 책은 그런 용도의 책이 아니다. 설득을 위한 책으로는 보기 힘들다. 이 책을 읽고 설득당할 독자는 사실 별로 없을 것이다. 식민지배·강제징용·위안부·독도 등에 관해 일본 우익 뺨치는 망언들을 담은 이 책을 읽다보면, 화만 솟구칠 뿐이지 설득당할 가능성은 별로 없다. 앞뒤가 안 맞는 논증이 곳곳에서 발견되는 데다가 친일청산을 노골적으로 비판하니, 냉정한 사고를 가진 독자라면 편한 마음으로 책을 읽기가 힘들다. 친일청산을 원치 않는 사람들의 확신을 강화해주는 기능은 할 수 있어도 '신규 친일청산 반대자'를 만들어내기는 역부족인 서적이다.

《반일 종족주의》 공동저자 가운데 김용삼 전 조선일보 기자를 제외한 나머지 다섯 명은 냉철함이 요구되는 경제학을 전공한 학자들이다. 그런데도 이 책의 저자들은 이성보다는 감정에 좀더 호소하는 듯이 글을 썼다. 그들은 원래 전공에 더해 한국 근현대사까지 '덤'으로 공부했다. 그래서 한 가지만 연구하는 학자들에 비해 독서량이 많을 수밖에 없다. 그런 사람들이 앞뒤가 맞지 않을 뿐 아니라 감정에 호소하는 듯이 글을 썼으니, 다분히 의도적이라고 밖에 판단할 수 없다.

이 책 곳곳에서 느낄 수 있는 것처럼, 여섯 명의 저자들은 다른 저자의 글을 세밀하게 읽었다. 예컨대, 이영훈은 김용삼의 글을 인용하고, 주익종은 이영훈의 글을 언급하거나 인용하는 부분들이 나타난다. 이들이 출판 전에 다른 저자들의 글을 읽었음을 의미한다. 그렇다면 다른 저자의 글에 담긴 논리적 모순들을 인지하고 조언해줄 수도 있었을 것이다. 그만한 학자들이 그 정도도 인지하지 못했다고 하면, 그게 오히려 이상한 일이다. 그런데도 책 곳곳에 경제학자답지 않은 논리적 모순과 감정적 호소 같은 것들이 발견되니, 실수가 아니라 고의라고 생각할 수밖에 없는 것이다.

의견이 다른 사람을 설득하려고 할 때는, 자신의 논리를 다듬는 한편 감정을 억제하거나 감추게 마련이다. 그런데 이들은 그렇게 하지 않았다. 엉성한 논리가 군데군데 나타나는데도 서로가 별다른 충고를 해주지 않은 듯하다. 거기다가 감정을 드러내거나 자극하는 표현들도 나타난다. 설득하기 위한 책으로 도저히 볼 수 없도록 만드는 요인들이 아닐 수 없다. 이는 이들이 다른 생각을 가진 독자들을 설득하기 위해서가 아니라, 같은 생각을 가진 독자들을 만족시킬 목적으로 이 책을 썼음을 의미하는 것이라고 볼 수 있다.

《나의 투쟁》〈전시 선전〉 편에서 아돌프 히틀러는 "대중의 수용 (인식) 능력은 매우 한정되어 있고, 이해력은 적으나 그 대신 망각력은 크다"고 한 뒤, "민중의 압도적 다수는 냉정한 숙고보다는 차라리 감정적인 느낌으로 사고방식이나 행동을 결정한다"고 썼다. 이런 관점으로 대중을 상대로 연설했던 히틀러처럼, 《반일 종족주의》 저자들도 극우 성향의 친일청산 반대론자들을 겨냥해 이 책을 펴냈을 수 있다고 볼 수 있다. 박근혜 정권 붕괴 이후 불만으로 가득 찬 극우세력의 분노를 달래기 위한 책으로 볼 수 있는 것이다.

히틀러는 1929년 대공황 이후 경제위기에 시달리는 독일인을 상대했다. 그는 독일인의 불만을 유대인에 대한 광기의 표출로 전환시키려고 했다. 그래서 비합리적이고 괴상한 논리를 아무렇지도 않게 대담하게 전개했다. 그런 식으로, 《반일 종족주의》역시 극우세력의 불만을 특정 대상으로 유도하는 결과로 이어질 가능성이 없지 않다. 이 책을 읽다 보면, 저자들이 특정 대상을 향한 불만을 조장하고 있다는 느낌을 받을 수 있기 때문이다. 그 특정 대상은 바로 위안부 피해자들이다.

《반일 종족주의》는 총 3부로 구성되어 있다. 그중 제3부가 위안부에 관한 내용이다. 본문 전체 분량이 383쪽인 이 책에서 122쪽의 분량이 위안부에 관한 내용으로 채워져 있다. 이 책에서 위안부 문제 비중만 3분의 1인 것이다. 이로써 저자들이 위안부 문제에 대해 얼마나 공격적인지를 가늠할 수 있을 것이다.

이영훈과 함께 제3부를 집필한 주익종은 제3부 제25장 〈한일관계 파탄나도록〉 편에서 "우리는 가장 극단적인 반일 종족주의를 이 위안부 문제의 전개에서 봅니다"라고 말했다. 반일 종족주의의 문제점을 가장 극명하게 보여주는 게 바로 위안부 문제라는 것이다. 달리 말해, 한일관계 정상화의 최대 장애물이 바로 이 위안부 문제라고 생각하는 것이다.

이 책은 다른 생각을 가진 독자가 아니라 같은 생각을 가진 독자를 주로 겨냥한 책으로 볼 수 있다. 그러다 보니 주익종이 담당한 제25장에는 위안부 문제에 대한 반감을 품도록 유도하는 표현들이 곳곳에서 등장한다. 여기서 주익종은 일본 정부가 일부 위안부 피해자들에게 위로금을 지급한 적이 있다는 점과 한국 정부도 동일한 명목의 돈을 지급한 적이 있다는 점을 되풀이해서 강조했다.

가족을 상실한 사람들의 아픔에 공감할 줄 모르는 극우세력은 2014년 세월호 사건 때 그랬던 것처럼, "돈을 준다는데", "돈까지 받았으면서"라는 말로써 사회적 약자들의 사과 및 진상규명 요구를 무시하고 깔아뭉개려고 한다. 일부 위안부 피해자들에게 위로금이 전달되었다고 누누이 강조하는 주익종의 의도는 극우세력이 이 문제에 그런 태도를 갖도록 유도하는 데 있다고 볼 수 있다.

그는 "위안부는 성노예라기보다는 성노동자가 맞습니다"라고 말한다. 그는 일본군 위안부 제도가 성노예제라면, 식민지 조선의 공창제도 역시 성노예제도라고 해야 한다고 궤변을 펼친다. 그러면서 그는 해방 후 한국군 위안부와 미국군 위안부, 민간 위안부도

다 마찬가지라고 말한다. 일본군 위안부도 그런 위안부와 다를 바 없다는 것이다. "일본군 위안부만 뽑아내서 성노예제라 비판할 근거가 없습니다"라고 그는 외친다. 극우세력을 겨냥한 글이기에 이런 막말을 마구 내뱉을 수 있는 것이다.

극우세력의 감정을 건드리기 위한 이와 같은 표현들은 제25장 곳곳에서 찾을 수 있다. 일례로, 일본 공권력에 의해 위안부가 해외로 강제동원된 것을 두고 그는 "일본 관헌이 여행의 편의를 제공한 것일 뿐"이라고 미화한다. 강제로 데리고 간 게 아니라 여행의 편의를 제공했을 뿐이라는 것이다. 그는 일본군은 위안소 사업자를 선정했을 뿐이고, 위안부들을 데리고 간 것은 군대로부터 위임을 받은 모집업자들이라고 말한다. 한국인 여성들을 데려간 것은 바로 그들이라는 것이다. 그러면서 "일본군 주둔지로 여행하는 데 일본 관헌이 편의를 제공한 것이지, 일본 공권력이 강제로 부녀자를 위안부로 끌어간 것은 아닙니다"라고 강변한다.

그는 한국인들이 일본의 공식 인정과 사과를 요구하고 역사교과서에 관련 사실을 실을 것을 요구하는 것에도 이의를 제기한다. 그리고 "일본이 도저히 들어줄 수 없는 요구입니다"라고 하며 그렇게 단호하게 선을 긋는다. 일본 당국자가 할 만한 말을 그가 대신하고 있는 것이다.

그는 피해자 할머니들의 증언이 세월이 흐름과 함께 조금씩 바뀌는 것도 문제 삼는다. 충격적 피해를 경험한 사람의 기억은 어느 정도는 왜곡되고 과장될 수밖에 없다. 그런 이치를 모르지 않을 텐데도, 주익종은 피해자들의 신뢰성을 떨어뜨리려고 시도하고 있다. 위안부 피해자들에 대한 극우세력의 비판을 유도할 목적이 아니라면, 굳이 그런 말을 꺼낼 필요도 없을 것이다.

이처럼 주익종이 쓴 제25장은 위안부 피해자들의 아픔을 외면하고 이에 대한 부정적 시각을 조장할 만한 글들로 채워져 있다. 그가 주로 극우 독자들을 염두에 두고 글을 썼다고 본다면, 이는 한국 극우세력의 수준을 반영하는 것이라고 볼 수 있다. 극우세력의 공감 능력이 얼마나 낮은지 보여주는 지표라고 할 수 있는 것이다.

극우세력은 '자유'니 '자유주의'니 하는 말들을 입에 달고 산다. 그들이 말하는 자유가 '개인적 자유'보다는 '경제적 자유', 즉 기업과 특권층의 경제적 자유방임이라는 점은 굳이 강조하지 않아도 될 것이다. 그들이 말하는 자유주의에서는 타인에 대한 공감, 특히 사회적 약자에 대한 공감 같은 것은 그다지 고려되지 않는다. 그들은 소수의 힘 있는 자가 다수의 힘 없는 대중을 약육강식으로 억누르는 것을 지극히 당연한 일로 간주한다. 세상의 이치가 그런 것이라고 그들은 말한다. 힘없는 대중의 처지 같은 것은 고려하지 않는 것이다. 그들은 자유주의적 자본주의 사회에서는 그런 이치가 당연한 듯이 합리화한다.

하지만 자유주의의 대 스승인 애덤 스미스Adam Smith는 그렇게 가르치지 않았다. 흔히 그가 개인의 이기심만을 긍정한 것처럼 말하지만, 실상은 그렇지도 않다. 한국에서는 '이기심'이란 표현으로 알려져 있지만, 사실 애덤 스미스는 그런 뉘앙스의 표현을 쓰지 않았다. 자기 사랑self-love이란 표현을 썼을 뿐이다. 그는 자기 사랑을 자신만을 위해 배타적으로 발휘하라고 가르치지도 않았다. 자기

사랑을 제약할 필요성도 동시에 강조했다.

생애 단 두 권의 저서《도덕감정론*The Theory of Moral Sentiments*》과 《국부론*The Wealth of Nations*》을 남긴 그는 첫 번째 저서인《도덕감정론》에서 '타인의 고통에 대한 동료애', '상상을 통해 처지를 바꿔 생각하는 것'을 강조했다. 이기심뿐 아니라 공감 능력도 중요시했던 것이다. 만약 자본주의를 이끌어온 세력이 건전했다면 애덤 스미스가 이런 말도 했다는 것도 강조했겠지만, 그렇지 않았기에 그가 이기심만 내세운 듯이 강조했다고 볼 수 있다.

《반일 종족주의》저자들은 자유주의의 신봉자들이다. 이 책에 담긴 이영훈의 글에서 자유주의에 대한 신봉과 애착을 많이 발견할 수 있다. 주로 경제학자들이므로 애덤 스미스의 사상을 자주 접했을 이들은 그가 말한 공감 능력은 외면한 채 자기 사랑, 아니 이기심만을 기초로 자유주의를 말하고 있다. 그들뿐 아니라 그들의 책을 탐독하는 극우세력도 마찬가지다.

극우세력은 사회적 약자가 고통당하는 것을 은근히 즐기며 당연시한다. 약자가 자신의 피해구제를 위해 나서면 은근한 조롱을 보내기도 한다. 히틀러가 그랬던 것처럼, 사회적 약자들을 희생양으로 삼아 자신들의 불만을 그리로 쏟아붓기도 한다.

위안부 문제에 3분의 1을 할애한《반일 종족주의》는 공감 능력이 결여된 뉴라이트와 극우세력의 이와 같은 광기를 반영한다고 말할 수 있다. 몇 분 남지 않은 위안부 피해자들을 불리한 처지로 내몰려는 의도를 가진 책이라고 평가할 수 있다.

# 11

## "일본군에 들어가 한국인은 평등을 알고 근대성을 배웠다"

●

《반일 종족주의》저자들이 위안부 문제에 대해서만 막말을 하는 것은 아니다. 강제징병 문제에 대해서도 똑같은 말을 하고 있다. 그에 관한 논리가 이 책의 제8장〈육군특별지원병, 이들은 누구인 가?〉, 제9장〈학도지원병, 기억과 망각의 정치사〉편에 나타난다.

이 부분을 담당한 정안기 전 서울대학교 경제연구소 연구원은 교토대학교에서 일본경제사 연구로 박사학위를 받고 일본학술진흥재단 특별연구원과 고려대학교 경제연구소 연구교수 등을 지냈다. 국내 학계에서 쓴 논문은 주로 일제강점기 산업 문제와 강제징병 등에 관한 것이다.

정안기는 2015년 9월 15일 고려대학교 강의 도중 "위안부는 성노예가 아니었다", "위안부는 자원봉사 활동이었다", "그 시대엔 모두 친일파였다" 등등의 망언을 해서 물의를 일으켰다. 이 때문에 고려대학교 학생들이 안암캠퍼스 민주광장에 모여 "민족을 잊은 친일교수 물러가라"며 기자회견을 여는 일까지 있었다.

고려대학교 강의에서 위안부 동원의 강제성을 부정한 것처럼, 정안기는《반일 종족주의》에서 일본군 징병의 강제성 역시 부정한다. 일반 청년들이 동원된 육군특별지원병 제도와, 전문학생·대학생들이 동원된 학도지원병 제도는 모두 다 자발적인 입대를 전제로 한 것이었다고 주장한다. 일본이 한국 청년들을 강제로 징집한 적은 없노라고 변호하는 것이다.

그는 육군특별지원병은 말 그대로 '특별한 존재'였다고 치켜세운다. 제8장에서 그는 "육군특별지원병은 일본 병역법에서 규정하는 만 17세 이상, 만 20세 미만의 일본인을 대상으로 지원 병역을 부여하는 '육군현역지원병'과 구별되는 '특별한 존재'였습니다"라고 한다. 강제적 징병이 아니라 자발적 지원에 의해 '특별한 존재'가 될 수 있었다는 게 그의 말이다. 한국인의 병력 지원은 본인의 자발적 의지에 따른 병역 부담이었을 뿐이라고 그는 말한다. 징병제하의 의무병역과는 명확히 구별되었다는 게 그의 주장이다.

학도지원병에 관해서도 그는 같은 말을 한다. 일반적으로 알려진 것처럼 무조건 강제로 끌려간 게 아니었다고 말이다. 육군특별지원병이든 학도지원병이든 한국인들이 자발적으로 입대했다는 것이다.

위안부 강제동원 역시 외형상으로는 자원 형식으로 이루어졌다. 일본 정부의 공식 입장인 1993년 8월 4일 고노 담화에 언급된 것처럼 "감언·강압에 의하는 등 본인들의 의사에 반해 모집된 사례가 많았"지만, 적어도 공식상으로는 본인 지원 형식으로 이루어졌다. 그런데도 《반일 종족주의》는 이런 사실을 무시하고 "위안부는 강제동원되지 않았다"고 주장한다.

그런 식으로 정안기는 육군특별지원병과 학도지원병 역시 절대로 강제동원된 게 아니라고 변론한다. 한국 청년들이 입신출세의 특혜를 기대하고 스스로 자원했을 뿐이라는 것이다.

그런데 이 대목에서 그는 흥미로운 서술을 남겼다. 학도지원병 입대가 본인 의사에 따른 것이었음을 설명하는 대목에서 그는 지금의 서울대학교 학생인 경성제국대학생 서명원의 사례를 거론한다.

서명원은 학도병에 지원했다. 하지만 적성검사를 받지 않았다. 마감일을 넘기도록 그는 검사를 받지 않았다. 그런데도 서명원은 걱정하지 않았다고 한다. "마감일을 넘기고 징용을 가면 그만이었다"라고 서명원이 회고했다는 것이다. 정안기는 그 당시는 전시여서 젊은이들이 군대에 가든 공장에 가든 강요받는 분위기였지만, 어느 쪽으로 갈 것인지만큼은 본인의 선택에 달려 있었다고 말한다. 서명원은 군대를 가거나 징용에 가거나 둘 중 하나를 택할 수 있었다고 그는 강조한다. "서명원은 어느 쪽이든 선택은 자기의 몫이었음을 회고하였던 것입니다"라고 정안기는 말한다.

정안기는 경성제국대학생 서명원이 신체검사 다음 단계인 적성검사를 받지 않은 점을 들어 학도지원병 입대의 자발성을 강조했다. 본인 판단에 따라 적성검사를 거부할 수도 있었으니 강제징병은 아니라는 것이다. 그러나 그 자신의 회고에서도 나타나는 것처럼, 서명원은 징병에 응하지 않으면 징용으로 가야 했다. "마감일을 넘기고 징용을 가면 그만이었다"고 서명원은 말했다. 이는 식민지 한국인들이 어느 쪽으로든 전쟁에 동원되지 않을 수 없었던 현실을 보여주는 것이다. A나 B 중에서 하나를 선택할 자유는 있었지만, 어느 것도 선택하지 않을 자유는 없었다. 어떤 형태로든 강제동원을 피할 수 없었던 것이다. 그런데도 정안기는 A와 B 중 하나를 선택할 자유가 있었다는 점을 애써 강조하고 있다.

정안기가 제시한 서명원의 사례는, 강제징병이든 강제징용이든 한국인들의 희생이 강압적 분위기에서 이루어졌음을 보여준다. 이 사례는 한국인들의 자발적 지원을 입증하는 증거가 절대로 될 수 없다.

앞서 소개한 것처럼 강제징병 문제는 정안기의 전공 분야 중 하나다. 이 분야를 전문적으로 파고든 그가 제시한 게 고작 이 정도 사례라면, 그가 입증의 어려움을 얼마나 절실히 느꼈을지 짐작할 수 있다. 자발적 지원을 증명할 만한 자료를 찾아내기가 녹록치 않았음을 예상하게 한다.

일본 정부와 조선총독부는 한국인들을 전쟁에 동원하고자 무수한 선전전을 펼쳤다. 이 과정에서 한국의 저명한 지식인과 예술인들이 선전·선동에 대거 동원되어 훗날 친일파로 낙인찍히고 말았다. 만약 정안기의 주장대로 한국 청년들이 일본군 입대를 열렬히 지원했다면, 일제강점기 막판에 무수한 친일파가 그처럼 양산될 필요도 없었을 것이다.

정안기는 충분한 근거도 없이 일본군 입대의 자발성을 주장했다. 그것에 그치지 않고 그는 한 단계 더 나아가 일본제국주의의 입영 정책을 찬미하는 것을 잊지 않는다. 제1단계를 제대로 마무리하지도 못한 상태에서 제2단계로 성급히 나아간 것이다. 그는 일본제국주의가 일본군에 입대하는 일본인과 식민지 한국인을 차별하지 않았을 뿐 아니라 한국인 징병을 위해 거액의 재정 지출까지 기꺼이 감내했다고 칭송한다. '자발적'으로 입대한 한국인들을 위해 일본 정부가 좋은 일까지 했다는 것이다.

이 세상에, 징병하면서 돈을 쓰지 않는 정부가 과연 있을까. 사실 그 돈은 식민지 한국에서 거둔 돈이다. 그런 돈인 줄 알면서도, 정안기는 일본이 한국인 징병을 위해 거액을 지출한 점까지 굳이 언급하고 있다. 그는 일본 제국주의가 이렇게까지 해준 것은 일본인과 식민지 한국인 사이의 차별을 없애기 위해서였다고 말한다.

《반일 종족주의》에서 그는 "일본이 거액의 재정 지출을 감수하면서까지 육군특별지원병제를 시행하고자 했던 이유는 무엇이었을까요?"라고 묻는다. 그런 뒤 본인이 대답을 제시한다. 육군특별지원병제가 한국인의 황민화를 위한 정신적 기반을 확충하는 데 유용했기 때문이라고 말한다. 즉 한국인을 일본인과 똑같은 수준의 황민으로 만들어주는 데 육군특별지원병제가 유용했다는 것이다. 또 아시아에서 일본이 해야 할 사명을 이해시키고, 천황제 국가 일본에 대한 충성심을 일으키는 데 육군특별지원병제가 크게 유용할 것으로 기대했기 때문이라고 말한다. 한마디로 말해서 "육군특별지원병제를 통해서 동화주의 식민통치 이데올로기의 제도적 완성을 추구"했다는 것이다.

일본이 강제징병을 실시한 것은 일본 국민들만으로는 전쟁을 수행할 수 없었기 때문이다. 일본은 중국뿐 아니라 동남아와 태평양 지역, 심지어는 영국과 미국을 상대로도 전쟁을 일으켰다. 군국주의의 야망에 불타서 시작한 일이, 어느 순간 감당하기 힘든 세계적 규모의 침략전쟁으로 발전되어 있었던 것이다.

이런 상황에서 일본이 버티는 길은 군인 숫자를 하나라도 더 늘리는 것뿐이었다. 그래서 식민지 한국인들을 일본군에 편입시켰다. 일본인과 식민지 한국인 사이의 차별을 없애주기 위해서 그렇게 했던 게 결코 아니다. 그런데도 《반일 종족주의》는 일본 제국주의의 의도를 순수하게 포장해주고 있는 것이다.

《반일 종족주의》는 그 같은 일본의 의도가 훌륭한 성과를 배출했다고 높이 평가한다. 일본군에 들어간 한국인들이 군대 안에서 평등을 맛보고 근대적 인간이 될 기회를 얻었다는 것이다. 정안기는 "육군특별지원병은 이들에게 향촌 사회의 신분 차별로부터 탈출이나 입신출세의 지름길이었습니다"라고 말한다. 또 육군지원병 훈련소는 몸과 마음을 다해 충군 애국을 실천하는 병영 생활의 복사판인 동시에, 비非 국민에 불과한 한국인들을 국민으로 포섭·개조해주는 "국민 만들기의 공장"이었다고 그는 높이 칭송한다. 비국민이었던 식민지 주민들이 일본 육군이 됨으로써 비로소 일본 국민으로 승격될 수 있었다는 것이다. 이들을 완전한 자기 국민으로 개조해주기 위해 일본이 돈을 들여 만든 '국민 만들기의 공장'이 바로 군대였다는 것이다.

정안기는 육군특별지원병과 마찬가지로 학도지원병도 그와 같은 차별 해소에 기여했다고 평가한다. 일본 정부 입장에서 볼 때 한국인의 학도병 지원은 일본제국 내의 주민들 간에 존재하는 차별 또는 역차별을 해소하기 위한 고육지책이었다고 말한다. 민족 차별을 해소해주기 위해 일본이 고육지책으로 어렵사리 내놓은 제도가 학도지원병이었다는 것이다.

사실 어느 시대, 어느 나라든 간에, 군대는 여타 분야에 비해 평등한 측면이 많다. 부하와 상관 사이의 위계질서는 엄격하지만, 적어도 같은 계급에서는 분명히 평등하다. 대단한 고위층 자제들을 제외하고, 대부분의 군인들은 학력·재산·지위에 관계없이 차별을 받지 않는다. 학력이나 재산 혹은 지위가 낮아도 군대 안에서는 계급에 따라 대우를 받는다.

또 여타 분야에 비해, 군대에서는 실력주의가 강하게 작용한다. 혈통이나 신분도 중요할 때가 있지만, 훈련이나 실전에서는 무엇보다 실력이 가장 강력한 평가 기준으로 작용한다. 예를 들면, 평양성에서 구걸하며 살았던 온달이 고구려 장군으로 출세할 수 있었던 것은 평강공주가 갖고 간 재산 덕분이기도 하지만, 무엇보다 전국 사냥대회에서 1등을 하고 군대 선봉장이 되어 큰 공을 세웠기 때문이다. 가야 왕족 출신인 김유신이 신라 사회에서 출세할 수 있었던 것도, 화랑이 되고 군인이 되어 전공을 세웠기 때문이다. 비교적 평등하며 실력 위주인 군대라는 공간이 아니었다면, 온달과 김유신이 그처럼 대단한 인물로 역사에 기록되기는 힘들었을 것이다.

이런 점을 고려하지 않은 채, 정안기는 군대 내의 평등이 일본 제국주의 안에서만 있었던 것처럼 포장한다. 그는 한국 향촌 사회에 전통적으로 존재했던 소작인 아들과 지주 아들 사이의 차별 같은 것이 일본군 안에서는 없었음을 높이 평가한다. 동서고금을 막론하고 군대는 원래 다 그런 법인데도, 일본군 안에서만 그런 게 가능했던 것처럼 말하고 있다.

《반일 종족주의》는 한 걸음 더 나아가, 일본군 입대가 한국인들에게 평등뿐 아니라 강인한 생존력까지 선사했다고 말한다. 정안기는 한국인 육군특별지원병들이 일본군 병사들과 함께 인간의 접근을 불허하는 열대 밀림에도 진입하고, 해발 3,000~4,000미터의 고산지대도 등정하고, 광활한 습지대도 누비면서 분투했다고 높이 평가한다. 그들이 보급마저 끊겨버린 극한의 전투 환경과 생물학적 한계를 돌파하는 생존 투쟁 중에 전문적인 군사 지식과 풍부한 실전 경험을 쌓았노라고 입에 침이 마르도록 칭찬한다. 식민지 한국인들이 일본군에 들어가 강인한 생존력을 얻게 되었다는 게 그가 하고자 하는 말이다.

그의 글은 육군특별지원병이나 학도지원병으로 억지로 끌려간 한국인들이 얼마나 위험한 상황에 처했는지를 스스로 드러내는 글이다. 그런데도 정안기는 일본군 복무 경험이 한국 청년들을 '강한 남성'으로 만들어주었다고 높이 평가하고 있다. 당시 세간에서는 학도병 지원을 '천재일우의 기회'라고도 했다고 그는 귀띔한다.

그는 이와 같은 과정을 거쳐 한국인들이 근대적 인간이 될 수 있었다고 평가한다. 그리고 "이들은 근대사회에 적응하는 시간·신체·언어의 엄격한 규율화와 함께 이른바 '군대적 평등성'을 자기화했습니다"라고 말한다. 일본군 체험을 통해 한국인들이 미개한 인간에서 근대적 인간으로 성장했다는 것이다.

《반일 종족주의》는 이런 경험이 해방 이후의 대한민국을 지키는 원동력이 되었다고까지 하며 높이 찬양한다. 일본군 경험을 쌓은 이들이 없었다면 해방 이후의 한국이 무사할 수 없었으리라는 것이다. 일본군 경험자들이 해방 이후 군사영어학교 같은 군사학교를 거쳐 한국군 장교로 변신했다면서, 한국전쟁 당시 이들이 최일선 부대장이 되어 화력과 병력의 열세를 극복하며 "국제 공산세력의 남침 기도"를 저지하고 분쇄하는 데 발군의 역량을 발휘했다고 평가한다. 일본이 한국 청년들을 강제징병하지 않았으면 지금의 대한민국도 없었으리라는 것이다.

병무청 모병 담당자도 아니면서, 이처럼 군대를 극도로 예찬하기도 쉽지 않을 것이다. 식민지 군대가 아닌 자기 민족의 군대도 결코 즐거운 곳이 아니다. 자기 민족의 군대일지라도, 군대를 두 번 가고 싶어 하는 사람은 거의 없다. 자기 민족의 군대도 아닌 일본 침략자의 군대를 이처럼 찬미하는 일도 결코 쉽지 않을 것이다.

만약 《반일 종족주의》 저자들이 꿈속에서 일본 제국 군대의 영장을 받게 된다면 어떨까? 이 책의 내용대로라면 그들은 "덴노 헤이카 반자이[天皇陛下 萬歲]!"를 외치며 기쁜 마음으로 자원해야 한다. 그들이 꿈속에서도 정말로 그렇게 한다면, 그들은 '인식 상의 오류는 범할지언정 적어도 거짓말은 안 하는 사람들'로 인정받을 수 있을 것이다. 그들이 정말로 마음속으로도 '일본제국 군대'를 그처럼 찬미하고 있는 것인지 궁금하다.

제3부

# 역사를 왜곡하는 잘못된 프레임

독도, 강제징용, 청구권협정,
토지 및 쌀 수탈에 관한 황당한 이론

# 12

## 독도는 일본 땅이라고 우기는 한국인들

●

2019년 7월, 한일관계가 전 방위적으로 꿈틀댔다. 무역분쟁과 군사정보보호협정(지소미아)에 이어 독도 영유권까지 논란이 확산되었다.

8월 25일, 독도 방어 훈련을 포함한 '동해 영토수호 훈련'이 1박 2일 일정으로 개시되었다. 육·해·공군은 물론이고 해병대와 해경까지 참여하는 훈련이었다. 언론과 인터뷰한 해군 관계자에 따르면, 역대 최대 규모의 훈련이었다.

일본 정부는 가만히 있지 않았다. 8월 25일자 《교토통신》은 일본 정부가 외교 루트를 통해 한국 정부에 항의했다면서 "다케시마는 일본의 고유 영토다. 훈련은 도저히 받아들일 수 없다. 매우 유감이다. 중지를 강력히 촉구한다"라는 항의 요지를 소개했다.

독도가 매스컴에 등장할 때마다 일본 정부는 항상 위와 같은 이의를 제기해왔다. 그런데 그런 이의가 꼭 일본에서만 나오는 것은 아니다. 한국인들의 여론과 상반되는 주장이 한국 내에서도 줄기차게 제기되고 있다.

일례로, 박유하 세종대학교 교수 같은 이들은 독도 공유론을 내세우고 있다. 그의 저서 《화해를 위해서》(뿌리와이파리, 2015)에서 "일 년의 반은 폭풍이 몰아치고 실제로는 그다지 큰 이용 가치가 없다는 독도를 좀더 가치 있게 만드는 길은 화려한 수식어를 남발하면서 그 소유권을 주장하는 일이 아니라 독도를 통해 슬기롭게 화해하는 일이다"라면서 독도에 자원이 있다면, 한·일 양국이 공동 개발하는 방법을 찾을 필요가 있다고 주장했다. 경상도와 시마네현의 어민들이 공동의 이익을 추구할 수도 있다고 제안한다.

이런 독도 공유론보다 한술 더 뜨는 주장이 다른 한편에서 나오고 있다. 이영훈이 담당한 《반일 종족주의》 제13장 〈독도, 반일 종족주의의 최고 상징〉 편에서도 그런 주장을 만날 수 있다. 제13장 서두에서 그는 "조선시대에는 독도에 관한 인식이 없었"다고 단언한다. 독도는 대한민국 성립 이후에 부각되기 시작했으며, 그것이 반일 민족주의의 상징으로 떠오른 것은 2000년경부터라고 주장한다. 한국인들이 독도에 애착을 보이기 시작한 게 2000년경부터라는 그의 주장은 상당히 생소하다는 느낌을 갖게 된다.

제13장 서두에서 그가 그런 말을 꺼낸 것은 독도와 한국의 역사적 연고가 깊지 않음을 강조하기 위해서라고 볼 수 있다. 박유하 교수의 책에도 동일한 장치가 나타난다. 《화해를 위해서》 〈독도-

다시 경계인의 사고를〉편의 첫 대목도 독도와 한국의 연고를 약화시키는 내용이다. 이 책에서는 독도가 한·일 양국 간에 쟁점이 된 것은 1952년에 한국이 이승만 라인(평화선)을 긋고 독도에 경비대를 보내 한국 땅임을 선언한 뒤부터라고 한다. 이영훈과 박유하 둘 다 독도에 관해 언급할 때마다 "독도와 한국의 역사적 연고가 짧다"는 이야기를 하는 것이다.

독도 영유권과 관련해 일본 측은 역사적 접근법보다는 국제법적 접근법을 선호한다. 1800년대 중반 동아시아에 유입된 서양 국제법을 근거로 '주인 없이 방치된 독도를 일본이 합법적으로 선점했다'라는 논리를 펼치고 있다. 독도와 한국의 역사적 연고가 깊기 때문에, 일본으로서는 그런 접근법을 선택할 수밖에 없다. 이영훈과 박유하 등이 독도에 관한 글의 서두에서 "독도와 한국의 역사적 연고가 짧다"고 주장하는 것은 이런 사정 때문이라고 볼 수 있다. 역사를 거론하면 할수록, 독도가 일본 땅이라는 결론이 나올 수 없음을 잘 알고 있는 것이다.

《반일 종족주의》 제13장에서 이영훈은 한국 측 주장을 조목조목 비판했다. '독도는 한국 땅'이라며 한국 국민들과 정부가 내세우는 근거들을 하나하나 반박하는 형식이다. 그는 《세종실록》〈지리지〉 편에 나오는 "우산于山과 무릉武陵 두 섬은 (울진)현에서 정동쪽으로 바다 가운데 있다[于山武陵二島在縣正東海中]"는 문장에 대한 한국 측 해석을 비판한다. 이 문장 밑에는 "두 섬은 멀리 떨어져 있지 않다. 날씨가 청명하면 바라볼 수 있다"는 주석(해설)이 달려 있다.

누구라도 '독도와 울릉도 두 섬이 바다에 함께 떠 있는 그림'을 연상할 수밖에 없는 위의 실록 문장을 두고, 이영훈은 무릉은 울릉의 별칭이라고 말한다. 두 섬이 하나라는 것이다. 《세종실록》 원문에 분명히 "우산과 무릉 두 섬은"이라고 적혀 있는데도 "두 섬이 아니라 하나의 섬"이라고 말하는 것이다. 그런 뒤 그는 "우산도는 실재하지 않는 환상의 섬"이라고 결론을 내린다. 환상의 섬이 《세종실록》 〈지리지〉에 기록되었을 뿐이라는 것이다. 한마디로 《세종실록》이 잘못되었다는 것이다.

그럼, 무엇을 근거로 독도가 환성의 섬이라고 말하는 걸까? 그는 독도는 땅도 없고 물도 없다고 하면서 그 근거를 든다. "국제법에서는 그런 곳을 섬이라 하지 않습니다"라고 그는 말한다. 독도에 땅도 없고 물도 없으므로 국제법상 섬이 될 수 없다는 것이다.

《세종실록》 〈지리지〉 편찬자는 서양 국제법적 개념을 갖고 '두 섬'을 말한 게 아니다. 바다에 떠 있으므로 '두 섬'이라고 했을 뿐이다. 그런데도 이영훈은 서양 국제법 개념을 원용해 "독도는 섬이 아니다"라고 한 뒤, 《세종실록》 〈지리지〉가 잘못된 기록이라고 결론을 내린다. 섬이 아닌 것을 섬으로 기록했으니 잘못된 기록이라는 것이다. 그런 이유로 "우산과 무릉 두 섬은"을 잘못된 기록으로 결론 내리고, 우산이란 섬은 없었으며 무릉은 울릉도였다고 주장한다. 따라서 《세종실록》 〈지리지〉에는 독도가 등장하지 않는다는 것이다.

그는 조선시대 지도들의 문제점도 거론한다. 그는 어떤 지도에서는 독도가 울릉도의 서쪽으로 나오고 어떤 지도에서는 남쪽으로 나오고 어떤 지도에서는 북동쪽으로 나온다고 말한다. 그러면서 이렇게 된 원인을 두고 "환상의 섬이기 때문"이었다고 말한다. 사람들이 잘 찾지 않는 섬인데다가 지리 지식이나 측량 지식이 발달하지 않아 독도의 정확한 이치를 몰랐을 수도 있다는 점을 감안하지 않은 것이다. 그는 이것을 조선 정부가 독도를 몰랐다는 근거로 해석한다.

이 해석에 대한 반론을 차단하고자, 그는 을사늑약 이듬해인 1906년 울릉군수가 중앙정부에 보낸 "본군 소속의 독도가 일본으로 편입되었습니다"라는 보고서를 공격한다. 이 보고서는 누가 봐도 대한제국이 독도를 자국 영토로 파악하고 있었음을 보여준다.

그런데도 이영훈은 대한제국 정부가 울릉군수의 보고서에 "별다른 반응"을 보이지 않았다고 단정한다. 중앙정부가 "별다른 반응"을 보이지 않았다는 전제하에 "일본에 외교권을 뺏긴 보호국이라서 그러했다는 변명은 곤란"하다고 말한다. 그는 대한제국은 제3국과 외교를 할 수 있는 권리를 빼앗겼을 뿐이지, 자신의 국토와 인민에 대한 지배권은 갖고 있었다고 말한다. 그처럼 엄연히 독자적인 국가였으므로 울릉군수의 보고서를 토대로 뭔가 행동을 취했어야 한다고 말한다. 그런데도 대한제국이 일본에 대해 이의를 제기하지 않은 것은 "독도에 대한 인식이 없는 가운데 일본의 행위를 그리 중요하게 여기지 않았기 때문"이라는 단정을 내린다.

그는 "중앙정부가 별다른 반응을 보이지 않았다"고 말한다. '반응을 보이지 않았다'라고 말하지 않고, '별다른 반응을 보이지 않았다'라고 말한다. 이것이 결과적으로 일종의 안전장치가 되었다. 이런 장치가 있었다는 것은 그를 위해 다행한 일이다. 울릉군수 심홍택의 보고서에 대해 중앙정부가 반응을 보였다는 기록이 있기 때문이다. 독도에 관해 대한제국 정부가 반응했다는 기록이 실제로는 남아 있었던 것이다.

그 기록은 우리 국민 누구라도 쉽게 확인할 수 있는 '외교부 독도' 홈페이지에 소개되어 있다. 이 홈페이지에는 심흥택의 보고서와 함께 중앙정부의 처리 결과도 함께 소개되어 있다.

대한제국 중앙정부는 심흥택에게 이렇게 답신을 보냈다.

> 보내온 보고는 읽어 알고, 독도가 (일본) 영토가 되었다는 이야기는 전혀 근거가 없으니, 섬의 형편과 일본인이 어떻게 행동하였는지를 다시 조사·보고할 것.

이에 따르면, 대한제국 중앙정부는 독도가 일본령이라는 이야기는 전혀 근거가 없다고 답변했다. 대한제국이 독도에 대한 인식을 보이지 않았다는 이영훈의 주장과 상충하는 대목이다. '외교부 독도' 홈페이지에 소개될 정도로 누구나 확인할 수 있는 자료를 이영훈은 확인하지 않았거나 소개하지 않았다. 한국 뉴라이트의 연구 윤리 수준을 짐작케 하는 대목이다.

이영훈은 일본이 독도를 시마네현에 편입시키기 5년 전인 1900년에 대한제국이 독도 관할권을 다룬 칙령 제41호도 부정한다. 대한제국이 독도 관할권을 다뤘다는 사실은, 시마네현에 편입될 당시 독도가 주인 없는 무주지가 아니었음을 입증하는 증거가 된다. 그런데도 이영훈은 독도가 주인 없는 상태에서 일본에 편입되었다고 주장한다. 칙령 제41호에서는 "울릉도가 울릉 전도全島와 죽도 및 석도石島를 관할한다"고 규정했다. 한국 측은 여기 언급된 석도를 독도로 보고 있다. 이영훈은 "석도는 독도가 아니었다"면서 이 칙령은 독도에 대한 게 아니라고 주장한다.

한국 측은 석도와 독도를 동일한 표현으로 본다. 근거는 경상도 및 전라도 방언에서 '돌'과 '독'이 혼용되었다는 점이다. 옛날 한국인들은 우리 말 지명을 한자로 표기할 때 뜻에 맞는 글자를 찾기도 하고 발음에 맞는 글자를 찾기도 했다. 돌섬을 석도로도 표기하고 독도獨島로도 표기한 것은 바로 그 때문이다. 석도는 돌섬과 뜻이 통하는 한자이고, 독도는 돌섬, 즉 독섬과 음이 통하는 글자다. 홀로 있다 해서 '홀로 독獨'을 쓴 게 아니라 독(돌)과 발음이 같다 해서 독獨을 썼던 것이다.

이 점을 논박하기 위해 이영훈은 "객관적으로 보아 독도는 돌섬이라기보다 바위섬"이라고 말한다. 바위섬이므로 돌섬, 즉 독섬으로 불렸을 리 없다는 것이다. 하지만 이는 사람들의 언어습관을 고려하지 않은 결과다. 지금이나 옛날이나 사람들은 돌과 바위를 명확히 구분하지 않는다. 바위산을 보고 돌산이라고 부르는 사람들도 많다. 이영훈은 이런 언어습관을 감안하지 않은 것이다.

또 그는 독섬을 한자로 표기하려면 그냥 석도로 표기하지 뭐하러 독도로 표기하느냐고 의문을 제기한다. 이는 옛날 한국인들의 문자 생활을 고려하지 않은 주장이다. 뜻에 맞는 한자를 선택하기도 하고 음에 맞는 한자를 선택하기도 했던 고대 한국인들의 언어습관을 감안하지 않은 것이다.

일례로, 고려시대 때 편찬된《삼국유사》에서는 신라 소지炤知왕을 비처毗處마립간으로도 표기했다. '비출 소'로 시작하는 '소지'와 '도울 비'로 시작하는 '비처'는, 한자만 놓고 보면 뜻이 전혀 통하지 않는다. 하지만 '비처'가 우리 말 발음에 맞춰 선택한 한자라고 생각하면, 문제가 금방 풀린다. 이에 관해 역사학자 신채호는《조선상고사》에서, 신라 사람들이 '비추다'란 의미를 표현하기 위해, 뜻에 맞는 한자인 '소'를 쓰기도 하고 음에 맞는 '비처'를 쓰기도 한 결과라고 풀이한다. '비처'는 순수한 한자가 아니라 이두문자였던 것이다. 이영훈은 이런 언어습관을 염두에 두지 않았다. 한자에 친숙한 선비들은 돌섬을 석도로 표기하고 일반 서민들은 독도로 표기했던 옛날 상황을 감안하지 않은 것이다.

대표적인 뉴라이트 지식인인 이영훈의 글이 그 정도라면, 독도는 한국 땅이 아니라고 주장하는 뉴라이트의 논리가 얼마나 허술한지 느낄 수 있을 것이다. 이들의 주장이 국민 대부분에게 받아들여지지 않는 것은 국민들이 민족주의 감정에 사로잡혔기 때문이 아니라, 이들의 주장이 설득력이 없기 때문이라고 말해도 과언이 아닐 것이다.

그런데도 이영훈은 도리어 한국인을 나무란다. 독도에 대한 한국인의 의식 수준을 거론하면서 "이런 저열한 정신세계로는 독도 문제에 대한 해결이 불가능하다고 생각합니다"라고 말한 뒤, 이 문제에 대한 결론을 내린다. 그가 내린 결론의 핵심은 '독도에 대해 침묵하자'는 것이다. 그래야 일본과 평화롭게 지낼 수 있다는 것이다. 저열한 정신세계로 일본과 다툴 게 아니라 차라리 입을 다무는 게 낫다는 게 그의 결론이다.

　그는 우산도와 석도의 실체를 냉철하게 살펴보자면서 "도발적인 시설이나 관광도 철수"하자고 말한다. "그러고선 길게 침묵해야" 한다고 말한다. 일본과의 분쟁은 낮은 수준에서 일종의 의례처럼 관리되어야 한다고 말한다. '실전'처럼 하지 말자는 것이다. 그러면서 "최종 해결은 먼 훗날의 세대로 미루어야" 한다고 말한다. 그렇게 한다면, 한국은 판단력과 자제력 면에서 선진사회로 진보할 것이라고 주장한다.

# 13

## 이우연의 강제징용 합리화

●

2019년 8월 26일자 YTN은 《반일 종족주의》 공동저자인 이우연 낙성대경제연구소 연구위원이 일본 측의 자금 지원을 받고 강제징용을 부정했다고 보도했다. YTN은 이우연에게 자금을 제공한 인물이 국제경력지원협회(ICSA)라는 민간단체에 속한 후지키 슌이치라고 보도했다. 후지키는 2019년 7월 25일 개봉된 위안부 다큐멘터리 영화 〈주전장〉에 등장한 극우 인사다. 또한 2017년 제36회 국제연합 인권이사회에서 정대협을 비판했던 인물이기도 하다. 당시 그는 "정대협은 북한과 밀접하게 연관되어 있다"면서 "그들이 위안부 문제를 제기하는 것은 일본을 헐뜯고 돈을 요구하고 한·미·일 공조에 균열을 내기 위해서다"라고 발언했다.

YTN은 후지키가 이우연에게 인권이사회 정기회의 참석을 제안하고 여행 경비를 제공했다고 보도했다. 이 내용에 따르면 후지 키의 지원을 받은 이우연이 7월 2일 스위스 제네바에서 열린 정기 회의에 출석해 "한국인 노무자들의 임금은 높았고, 전쟁 기간 자유 롭고 편한 삶을 살았다"고 발언했다.

이와 관련해 강성현 성공회대학교 동아시아연구소 교수는 2019 년 10월 1일 민족문제연구소와 일본군위안부연구회가 개최한 '반 일종족주의 긴급진단: 역사부정을 논박한다'라는 학술대회에서 "그때 후지키 슌이치가 이우연의 양복 옷깃을 매만지고 먼지를 세 심히 털어주자 이우연이 멋쩍은 듯 웃는 모습은 한일 역사수정주 의자들의 관계의 본질, 연대의 본질을 잘 보여준다"라고 발언했다.

이우연 위원은 YTN 보도를 부분적으로 부인했다. 8월 26일자 페이스북에서 후지키 슌이치로부터 자금을 받은 사실을 부정했 다. 그는 "사실과 다르다"면서 "여비를 지불한 곳은 일본역사논전 연구소"라고 말했다. 그는 이 연구소가 유엔 제네바 본부에서 '군 함도의 진실'이라는 심포지엄을 개최했으며, 자신에게 조선인 전 시노동자에 대한 발표를 요청했다고 했다. 그래서 그곳에서 발표 하게 되었다고 하면서, 그는 그 연구소가 민간 기구이며 행사를 위 한 비용은 모금으로 조성되었다고 해명했다.

이런 해명을 통해 이우연은 YTN에 보도된 국제경력지원협회 가 자금을 제공한 게 아니라고 했다. 일본역사논전연구소의 지원 을 받았을 뿐이라고 말했다. 하지만 후지키 슌이치의 말은 달랐 다. 후지키와의 인터뷰를 소개한 8월 26일자 MBC 〈뉴스데스크〉는 "영화 〈주전장〉에도 등장해 궤변을 쏟아내면서 한국에도 알려지기 시작한 이 남자는 이 씨에 대한 비용 지원을 인정했습니다"라고 말했다. 후지키가 MBC와의 인터뷰에서 자금 지원을 인정했던 것이다. 〈뉴스데스크〉에 따르면, 후지키는 ICSA를 통해 비용을 준 게 아니라 국제역사논전연구소를 통해 지급했다고 밝혔다. 이우연은 일본역사논전연구소에서 받았다고 하고, 후지키는 국제역사논전연구소를 통해 줬다고 하는 부분이 약간 다를 뿐이다. 이우연이 후지키의 주선에 의해 돈을 받은 것은 사실이었던 것으로 보인다.

이우연은 일본인들이 주관한 행사에 초청되었을 경우에는 그쪽으로부터 여비를 받는 게 당연하다면서 자신을 변호했다. 그는 "정대협이 유엔 제네바 본부에서 심포지엄을 개최하면서 일본인 발표자를 초청한다면, 그 여비는 일본인 본인에게 지불하라고 할 것인가?"라고 질문했다. 국제 행사를 주최하는 쪽에서 외국인 참가자의 여행 경비를 대는 것은 일반적인 관행에 부합하기 때문에 이는 맞는 말이다. 하지만 일제 식민지배의 정당성을 다루는 학술 발표를 하면서 일본 자금을 받는 것은 전혀 별개의 문제다. 돈을 받게 되면 주최 측을 거스르는 발언을 하기 힘들다. 식민지배에 관한 발표를 할 때는 일본 돈을 받지 않는 게 상식적이라는 점을 지적해야 한다.

한국 학자들이 일본 자금을 받고 식민지배에 관한 연구 활동을 하는 것을 누구보다 심각하게 인식하고 있는 인물이 있다. 2003년 47세의 나이에 대한민국 국적을 취득한 호사카 유지 세종대학교 대양휴머니티칼리지 교수는 2019년 9월 출간한《아베, 그는 왜 한국을 무너뜨리려 하는가》(지식의숲, 2019)에서 일본 극우에 동조하는 한국인들을 '신친일파'로 규정하면서 이들의 일본 자금 수수를 비판했다. 그는 "어떤 학자는 1년에 30번 정도 일본을 출입국한다"면서 그를 부르는 쪽은 일본 정부기관, 공안기관, 보수단체들이라고 말한다. 그가 교통비·체재비 외에 사례비로 1회당 500~1,000만 원을 받는다면서 "그렇게 일본을 왕래하면서 1년에 적게는 1억 5,000만 원 정도, 많게는 3억원 정도를 버는 셈"이라고 고발한다.

그런데 일본 돈을 받는 사람들의 생각은 좀 다른 듯하다. 보통의 한국인들은 어떻게 일본 돈을 받고 그런 연구를 할 수 있냐고 의아해하지만, 그들은 대체 무엇이 문제인가 하는 태도를 보이고 있다. 그런 정서를 보여주는 것이 안병직과 이영훈의 대담에서 나타난다. 그들의 대담집인 《대한민국 역사의 기로에 서다》(기파랑, 2007)에서 안병직은 "얼마 전에 도요타 연구비를 받은 것을 가지고 동아대학의 어느 교수가 우리가 마치 친일파라도 되는 양 시비를 걸은 적이 있습니다"라면서 이는 연구비가 뭣에 쓰이는 줄도 모르는 사람들이나 제기하는 문제라고 말했다. 연구비를 받는다고 해서 자금 제공자의 의도대로 글을 써주는 것도 아니며, 그 돈이 학자의 호주머니로 들어가는 것도 아니라고 항변했다. 그러면서 그는 "그러니까 교수란 사람이 그런 수준도 안 되는 이야기를 꺼낸 것 아닙니까?"라며 수준 문제까지 거론했다.

대부분의 한국인들은 어떻게 일본 돈을 받고 그런 연구를 할 수 있느냐며 공격하지만, 정작 그들은 그 부분에 대해서는 둔감하다. 연구에 관한 지원금을 받는 일이 대체 무엇이 나쁜가 하는 반응을 보이고 있는 것이다. 그들이 볼 때는 한국 돈, 일본 돈 하면서 돈에 대해서까지 민족 구분을 하는 일반적인 한국인들이 '수준 낮은' 사람들로 보이는 듯하다. 또 일본 식민지배가 나쁘지 않았다고 생각하니 그들 돈을 받는 것도 자연스럽게 느껴질 수 있다. 이런 정서가 이우연의 학술 활동에도 그대로 반영되고 있다고 볼 수 있다.

이우연이 강제징용 문제와 관련해 《반일 종족주의》에서 담당한 부분은 제5장 〈강제동원의 신화〉, 제6장 〈과연 강제노동·노예노동이었나〉, 제7장 〈조선인 임금 차별의 허구성〉 편이다. 그중 제7장에서 이우연은 일제 지배의 불법성을 주장한 어느 한국 학자가 자료를 충실히 소개하지 않았다면서 연구윤리의 문제를 제기했다. 이우연은 그 학자가 자신이 본 것과 똑같은 자료를 봤을 텐데도 소개하지 않았다면서 "자신의 주장을 뒷받침할 수 없는 자료, 자신의 주장을 오히려 훼손할 수 있는 자료이기 때문에" 일부러 소개하지 않았을 것이라고 말했다. 그러면서 그는 "이러한 행위는 연구자로서는 도저히 있을 수 없는, 연구윤리로 볼 때 일종의 사기이며 역사 왜곡, 나아가 악의적 선동"이라고 주장했다.

이우연이 이처럼 연구윤리 문제를 제기했지만, 정작 연구윤리를 심각하게 위반한 쪽은 이우연이다. 그가 일본 돈을 받고 유엔 회의에서 강제징용을 부정한 것 역시 "도저히 있을 수 없는 연구윤리"의 문제다. 과연 일본 돈을 받고 일제강점기를 공정하게 연구할 수 있겠는지 가슴에 손을 얹고 성찰할 필요가 있다.

그가 유엔 인권이사회에서 발언한 것과 비슷한 내용이 《반일 종족주의》 제5장~제7장에 설명되어 있다. 이 책에서 그는 한국 대법원의 강제징용 판결을 맹렬한 어조로 비판한다. 2018년 10월 30 일에 대법원이 한국인 1인당 위자료 1억 원을 지급하라고 일본 기업에 판결을 내린 것은 "명백한 역사왜곡에 근거한 황당한 판결"이라고 혹평했다. 그는 일본에 의한 강제징용 자체가 없었고, 한국인 노동자들도 인간다운 생활을 했으며, 한·일 간의 민족차별도 존재하지 않았다고 주장한다. 그러니 대법원 판결이 황당하다는 것이다.

일본은 1937년 중일전쟁 이전에는 일반 모집 형식으로 한국인들을 일본 내 토목공사장이나 광산에서 집단노동을 시켰다. 중일전쟁 이후에는 국가총동원법과 국민징용령을 통해 본격적인 강제징용을 실시했다. 1939년부터 1945년까지 동원된 한국인만 해도 113만 명 혹은 146만 명이나 된다고 한다. 한편, 일본 정부는 이 숫자가 66만 명 정도에 불과하다고 주장한다. 동원된 한국인들은 탄광이나 군수공장 또는 건설 현장에 투입되었다. 이들이 노예와 다를 바 없이 착취를 당했다는 점은, 평양 미림비행장 노동자 800여 명이 공사 후 기밀 유지를 위해 집단 학살된 사례에서도 드러난다. 이런 만행은 다른 곳들에서도 자행되었다.

그런 불행한 역사를 외면한 채, 이우연은 강제징용이라는 사실 자체가 없었다고 말한다. 또한 일제강점기 때는 강제연행이나 강제징용이라는 말조차 없었다고 말한다. 그러면서 "강제징용이라는 개념은 있을 수 없습니다"라고 주장한다. 징용이란 단어에도 강제의 의미가 담겨 있는데, 뭐하러 굳이 '강제'를 붙이느냐는 이의 제기다.

그는 '노예노동'과 '강제노동'이란 표현에도 거부감을 표시한다. 그런 용어도 그 당시에 없었다고 말한다. 그런 용어가 없었던 것은 그런 사실 자체가 없었기 때문이라고 항변한다. 이는 한국인들이 가진 왜곡된 역사 인식일 뿐이라고 말한다.

강제징용·노예노동·강제노동이란 단어가 존재하지 않았으므로 오늘날 우리가 이런 표현들을 쓸 수 없다는 것은 궤변에 가까운 말이다. 이 세상에 어느 정치 권력이 그런 표현을 써가며, 혹은 그런 인상을 풍기며 민중을 동원하겠는가. "이것은 강제동원이다"라면서 민중을 동원하는 정치세력이 이 세상에 과연 존재하는지 생각해볼 필요가 있다.

이우연은 일본이 징용을 실시한 기간도 길지 않다고 주장한다. 1944년 9월부터였으며, 가장 길게 잡아봤자 1945년 4월경까지 8개월간에 불과했다고 주장한다. 일제 지배 35년간 중에서 8개월도 안 된다고 말한다. 이 기간에는 징용 거부에 대한 형벌로 1년 이하 징역 혹은 100엔 이하 벌금이 부과되었지만, 1944년 9월 이전에는 그런 형벌이 없었으므로 1944년 9월 이전에는 강제징용이 있었다고 볼 수 없다는 것이다.

전쟁 중인 1940년부터 일본은 국민총력조선연맹 등을 통해 한국인의 인력과 물자를 침략전쟁에 강제로 동원했다. 당시는 일본이 한국인 전체를 압박하는 살벌한 전시 상황이었다. 식민 당국이 징역 1년 이하나 벌금 100엔 이하 같은 형벌을 굳이 예고하지 않더라도, 공포 분위기 때문에라도 징용에 응할 수밖에 없는 상황이었다. 징용 불응에 대한 형벌이 있고 없고는 중요하지 않았던 것이다. 살벌한 전시 상황하에서 한국인들이 징용에 응할 수밖에 없었다는 점은 파악하지 않고, 징용 불응에 대한 처벌이 없었던 기간이 있나 없나를 따지는 것은 숲은 안 보고 나무만 보는 것과 다르지 않다고 말할 수 있다.

국가권력은 마적 떼와 다르다. 무력으로 다중을 제압할 수 있다는 점에서는 오십보백보이지만, 본질적인 차이가 있다. 마적 떼는 사람들을 함부로 죽이고 끌고 가지만, 국가권력은 법과 제도를 통해 합법적으로 행동한다. 일본 식민 당국도 국가권력의 형식을 띠었으므로, 그런 합법적 방법을 이용했다. 하지만 합법성이 곧바로 정당성이 되는 것은 아니다. 합법이 반드시 합謌정의는 아니다. 합법이지만 부당한 일들도 많다. 식민지배의 법적 제도화가 바로 그런 것이다. 이우연의 논리대로라면, 법과 제도를 만들어놓기만 하면 그것들을 이용해 어떤 악행을 범하건 아무 문제가 없다는 말인 것이다.

강제징용을 부정하기 위해 이우연은 식민지 한국 청년들의 '로망'까지 거론한다. 그는 일제 식민지배 전 기간은 물론이고 강제징용이 실시될 때도 한국 청년들이 일본을 동경했다고 말한다. 많은 한국인들이 브로커에게 고액을 제공하고 작은 배를 얻어 탄 채 밀항하는 일이 많았다고 말한다. 그러면서 그는 "당시 조선인 청년들에게 일본은 하나의 로망"이었다고 말한다.

이처럼 많은 청년들이 '재팬 드림'에 빠져 스스로 징용에 응했다는 게 그의 주장이다. 일부 한국인들의 재팬 드림을 악용해 일본이 좀더 쉽게 강제동원을 관철시킬 수 있었다는 점은 인식하지 못하는 것이다. 재팬 드림이라는 환상에 빠져 있는 한국인들의 심리를 악용해 일본이 좀더 쉽게 한국인들을 속일 수 있었다는 점은 고려하지 않는다.

또 그는 강제징용으로 동원된 한국인들이 도저히 노예로 볼 수 없는 삶을 살았다고 주장한다. 근무가 끝난 뒤에 외출도 하고 술도 마시고 '위안소'도 방문한 사실을 거론한다. 노예노동이었다면 그런 일이 있을 수 있겠느냐고 그는 항변한다.

중세 유럽에서는 노예에 상응하는 제도인 농노가 있었다. 1894년 이전의 한국에서는 노비가 있었다. 농노와 노비도 가족을 갖고 재산을 축적했다. 그들 역시 술을 마시고 춤을 췄다. 외형상으로는 자유인과 다를 바 없었던 것이다. 하지만 그렇다고 그들이 자유인이었던 것은 결코 아니다. 그들은 법적으로 물건과 다를 바 없었다. '인간 주인'에게 그들은 노예와 다를 바 없었다. 하루 노동이 끝난 뒤에 여가를 즐길 수 있는가 없는가는 노예노동인가 아닌가를 판단하는 기준이 될 수 없는 것이다. 다른 누군가에게 예속되어 강제노동을 하면 노예가 되는 것일 뿐이다. 강제노동이 끝난 뒤에 휴식을 취하고 안 취하고는 노예 여부를 판가름하는 기준이 될 수 없다.

사실, 사람을 쇠사슬로 묶어놓고 감시자를 붙여 강제노역을 시키는 시스템은 인류 사회에서 극히 일부분에서나 가능한 일이다. 그런 식의 노동이 광범위하고 보편적으로 벌어졌다면, 인류 역사에서는 하루가 멀다 하고 민중 혁명이 벌어졌을 것이다. 일제 식민 당국이 한국인 노동자들을 쇠사슬로 묶지 않았다고 해서, 또 일과 후에 외출을 허용했다고 해서 한국인들이 노예노동을 하지 않았다고는 말할 수 없다.

이우연은 한국인 노동자들이 일본인에 비해 차별을 받았다는 주장도 배척한다. 동일한 직장에서 한국인과 일본인이 차별받지 않았다는 것이다. 같은 작업장에서 한국인이 임금을 적게 받았다면 거기에 합리적 이유가 있었기 때문이라고 말한다. 예컨대, 탄광에 배치된 한국인 노동자의 월급이 적었던 것은, 농민 출신인 그들이 탄광 일에 익숙하지 않아 생산량이 적었기 때문이라고 해석한다. 또 한국인들이 탄광 내부의 위험한 장소에 배치된 것은 "젊고 건강한 조선 청년들이 돈을 벌기 위해 일본으로 갔기 때문"이라고 설명한다. 한국인 노동자들이 젊고 건강했기 때문에 그런 곳에 배치되었을 뿐이라는 것이다. 또 한국인이 일본인보다 산업재해를 많이 당한 것과 관련해서는 "조선인의 재해율이 높은 것은 인위적인 민족차별이 아니라 탄광의 노동수요와 노동공급이 맞아 떨어진 불가피한 결과"라는 모호한 설명도 내놓는다.

그는 전시 상황에서 한국인 노동자가 일본인 못지않게 좋은 대우를 받았다고 말한다. 그런 점을 강조하는 과정에서 재미있는 실수도 범한다. 제7장 마지막 문단에 나오는 이야기다. 그는 한국인들이 1910년대에도 일본 탄광에서 일했다고 한다. 그리고 1920년대가 되면 그 숫자가 부쩍 늘어난다고 말한다. 이 당시 한국인의 임금 수준에 관해 "이때 조선인의 임금은 일본인의 절반 정도"였다고 주장한다. 그런데 그는 이런 차이가 전쟁과 함께 개선되었다고 말한다. 한국인이 일본인과 함께 전쟁에 동원되면서 이런 차이가 크게 감소했다고 설명하면서 "전쟁으로 인해 조선인의 임금이 이전보다 훨씬 높은 수준이 되었다"고 한다.

이 대목은 전쟁 중에 징용된 한국인들이 좋은 대우를 받았다는 점을 열정적으로 설명하던 도중에 나왔다. 열심히 설명하는 도중에 "전쟁 전에는 한국인 월급이 일본인의 절반밖에 되지 않았지만, 전쟁 중에 임금 차이가 크게 개선되었다"는 엉뚱한 말이 나온 것이다. 일제강점기 전체를 놓고 보면 한국인이 민족차별을 받은 게 확실하다는 점을 본인도 모르게 인정한 셈이 된다.

자신의 결론을 무의식적으로 뒤엎을 만큼, 이우연은 일제에 의한 강제징용을 부정하는 데 대단한 열의를 갖고 있다. 일본인들이 자금을 제공해서라도 유엔 인권이사회에 충분히 세울 필요가 있는 인물이라고 말할 수 있다. 일본이 그를 선택한 것은 결코 우연이 아닐 것이다.

# 14

## 일본이 착복한 강제징용 봉급 문제

●

일본은 강제징용 노동자에 대한 체불임금 및 배상금 지급을 기피한다. 1965년 한·일 청구권협정은 다른 사안에 관한 것이었는데도, 일본은 이 협정으로 모든 게 다 끝났다고 강변한다.

강제징용 문제가 1965년 협정으로 해결됐다는 강변은 비록 거짓일지라도 그들이 문제의 심각성을 어느 정도 이해하고 있음을 보여준다. 아무 문제도 없다고 생각했다면 그렇게 주장할 필요도 없을 것이다.

그런데《반일 종족주의》저자들은 일본보다 한술 더 뜨고 있다. 강제징용 노동자들이 봉급을 못 받은 것은 일본 때문이 아니라고 변호한다. 이들은 '범인은 한국인'이라고까지 주장한다. 일본 정부보다 훨씬 더 일본의 이해관계를 대변하고 있는 것이다.

《반일 종족주의》〈프롤로그: 거짓말의 나라〉에 실린 이영훈의 글에서 그 같은 분위기를 느낄 수 있다. 이 글에서 이영훈은 2018년 10월 30일의 대법원 강제징용 판결이 거짓 재판이라는 주장을 폈다. 일본 측에 배상 책임을 인정한 게 잘못됐다는 것이 그의 주장이다.

대법원이 전범기업인 일본제철을 계승한 신일철주금에 대해 김규식·신천수·여운택·이춘식 등 4인에게 각 1억 원씩 배상하라고 명령한 판결이 거짓된 사실관계에 기초해 있다고 그는 주장한다. 그는 "원고 네 명 중의 두 명은 1943년 9월 일본제철의 모집에 응해 동 회사 오사카 제철소에서 훈련공으로 일했습니다. 일본제철은 월급의 대부분을 강제 저축하고 기숙사 사감에게 통장과 도장을 보관케 했는데, 그 사람이 끝내 돈을 돌려주지 않았다는 겁니다. 그것이 원고가 입었다고 주장하는 피해의 기본 내용입니다"라고 문제 제기한다.

월급을 받지 못했다는 피해자들의 주장에 맞서서, 이영훈은 "피해자들을 속인 것은 일본 정부나 일본제철이 아니라 한국인 사감이었다"고 단언한다. "범인은 한국인이었다"는 것이다. 일본측은 강제저축의 형식으로 노동자들의 월급을 모아뒀지만, 한국인이 중간에서 가로챘다는 것이다.

그렇지만 이영훈은 기숙사 사감이 한국인이었을 거라는 가정 하에, 사감은 일본제철 직원이 아닐 가능성이 크다고 말한다. 노동자들이 단체 기숙하는 한바飯場나 료寮의 조선인 주인이었을 가능성이 크다는 게 그의 말이다. 그는 그들이 대개 다 조선인이었다고 본다. 그래야 언어도 통하고 통제도 가능하기 때문이라고 설명한다. 나중에 사감이 원고들과 함께 원산으로 귀국한 사실이 그런 추정을 뒷받침한다고 그는 말한다.

한국인 노동자들을 관리하려면 아무래도 한국어를 잘해야 하므로 "기숙사 사감이 한국인이었을 것"이라는 추정은 설득력이 있다. 기숙사 사감이 한국인이었을 가능성을 배제할 수 없다.

그런데 이영훈은 기숙사 사감을 일본제철과 법적으로 분리시키고 있다. 피해자들이 말하는 기숙사 사감은 한바나 료의 주인이었을 것이라고 한다. 한바나 료의 운영자가 일본제철과 무관하리라는 전제하에, 이들이 월급을 가로챘을 것이므로 일본제철을 상대로 체불임금 및 손해배상을 청구할 수 없다는 게 이영훈의 주장이다.

그러면서 그는 "제 주장은 다음과 같습니다"라며 일본제철이 원고에게 임금을 지불하지 않았다는 주장은 성립할 수 없다고 주장한다. 강제저축을 운운하는 판결문 자체가 그것을 입증한다는 것이다. 임금이 원고에게 전달되지 않았다면 사감이 그 범인일 것이라고 말한다. 사감이 미성년자인 원고를 대신해 원고의 본가에 봉급을 송금했을 수도 있다고 그는 말한다.

이런 식으로 한국 대법원이 판결했어야 한다는 게 이영훈의 주장이다. 일본제철이 기숙사 사감이 회사에서 받은 월급을 노동자들의 본가에 송금했거나 아니면 착복했을 것이므로 사감을 찾아 소송해야지 일본제철에 소송을 걸 수는 없다는 것이다. 그러므로 대법원이 일본제철을 상대로 배상판결을 내린 것은 거짓에 기초

한 판결이라는 것이다.

하지만 이영훈이 개진한 논리 속에 중대한 결함이 있다. 일본제철은 월급을 지급했지만 기숙사 사감이 '전달'하는 과정에서 문제가 생겼을 것이라는 그의 주장은 사감이 일본제철의 조직체계에 포함되어 있음을 전제로 한다. 기숙사 사감이 일본제철과 무관한 외부인들이었다면, 일본제철이 그들에게 직원 봉급을 맡겼을 리 없다. 기숙사 사감이 봉급 전달의 책임을 맡았다는 것은 그들이 회사 직원이었음을 뜻하는 것이다.

이 점은 피해자들의 진술에서도 나타난다. 대법원 판결문에 따르면, 피해자들은 "일본제철이 임금 전액을 지급하면 낭비할 우려가 있다면서 노동자들의 동의도 구하지 않은 채 봉급 대부분을 계좌에 입금시킨 뒤 기숙사 사감에게 통장과 도장을 맡겼다"고 진술했다. 이는 기숙사 사감이 회사로부터 노무관리 책임을 받았음을 보여준다. 회사의 지휘 체계에 포함되어 있었던 것이다.

기숙사 사감의 노무관리 속에 봉급 보관만 있었던 게 아니다. 피해자들의 증언에 따르면 그들은 노동자에 대한 체벌까지도 담당했다. "원고 2는 도망가고 싶다고 말하였다가 발각되어 기숙사 사감으로부터 구타를 당하고 체벌을 받기도 하였다"는 문장이 대법원 판결문에 나온다. 공사장 옆에서 숙소나 식당을 운영하는 외부 사업자였다면, 이렇게 노동자들을 때리고 벌줄 수 있었을까?

이영훈은 기숙사 사감이 범인이며 한국인이었을 것이라고 주장했다. 하지만 한국인이든 일본인이든 간에 사감은 회사 내부의 관리자였다. 이런 관리자가 범인이라면 회사가 곧 범인이라는 말이다.

그런데 기숙사 사감들이 억울해할 만한 이유가 있다. 사감이 봉급을 관리했던 것은 사실이지만, 돈의 최종 정착지는 다른 곳이었기 때문이다. 봉급을 가로챈 사감들이 있었을 수는 있지만, 대부분 그 돈은 그들의 수중에 들어가지 않았다. 범인은 일본이라는 국가그 자체였다.

강제징용 노동자에 대한 미지급 봉급이 어떻게 처리됐는지는 1991년 6월에 드러났다. 그해 6월 11일자 《한겨레》 기사 〈징용한인 임금 공탁된 채 남아〉에 이런 내용이 실렸다.

> 2차 대전 중 강제연행돼 일본의 광산이나 공장에서 혹사당했던 조선인들의 밀린 임금이 전후 46년이 지난 지금까지 일본 법무국에 공탁된 채 남아 있는 사실이 10일 밝혀졌다. 특히 46년 기준으로 5천만 엔 규모인 미지급 임금은 물가상승 등을 감안해 현재 금액으로 환산하면 약 2천 9백억 엔(한국돈 약 1조 5천억 원)에 이르는 엄청난 거액인 것으로 알려져 크게 주목된다.

한국인 노동자에게 지급될 임금이라면서 법무국에 공탁된 돈은 1991년 화폐가치로 1조 5천억 원이다. 2019년 가치로 환산하면 훨씬 많은 금액이 될 것이다. 강제징용 노동자들을 혹사시킨 일본 기업들이 강제저축 명목으로 떼어둔 임금을 법무국에 공탁하는 형식으로 법적 책임을 모면했던 것이다. 위 기사는 이렇게 말한다.

일본의 《아사히신문》이 이 날짜 사회면 머릿기사로 보도한 바에 따르면, 46년 현 법무성의 전신인 사법성의 지시에 따라 일본 기업들은 강제노역에 동원된 조선 노동자의 미지급 임금과 퇴직금·적립금 등을 일괄해서 각 지방 법무국에 공탁했으며, 이 공탁금은 일본 은행에 보관돼 지급청구가 있을 경우 본인임을 확인한 뒤 지급하도록 했다는 것이다.

그러나 자신의 임금이 공탁된 사실조차 알지 못한 채 조선인 노동자들이 귀국했거나 행방이 알려지지 않아 이 돈을 찾아간 사람은 거의 없으며, 아직도 일본 법무국에 공탁된 채로 남아 있는 상태라고 이 신문은 밝혔다.

일본 기업들이 체불임금을 공탁한 것은 미군정의 명령 때문이었다. 점령군의 지시라서 거부할 수 없었던 것이다. 그런 지시마저 없었다면, 공탁마저 이루어지지 않았을 것이다.

그런데 모든 전범기업들이 미군정 지시를 따른 것은 아니다. 츠쿠바 국립공문서관에서 공탁 서류들을 직접 확인한 고바야시 히사토모 강제동원진상규명 네트워크 감사가 《오마이뉴스》와 한 인터뷰에 따르면, 그나마 공탁을 한 기업은 전체의 한 부분에 불과했다. 2009년 4월 16일자 《오마이뉴스》의 기사인 〈일본, 시효 지났다면서 아직 공탁금 보관〉에 따르면, 고바야시 감사는 "예例로, 홋카이도만 해도 강제동원 노무자를 사용했던 사업장이 대략 200여 곳에 이르는데, 이번 자료에 의하면 홋카이도의 경우 실제 등재된 사업장은 18곳에 불과하다"면서 "공탁이 강제적으로 이뤄진 것이 아니므로, 미불금이 있더라도 기업이 공탁하지 않으면 빠져 있기 때문"이라고 말했다.

홋카이도의 경우, 전범기업의 9퍼센트만이 체불임금을 공탁했다. 공탁 명령을 거부한 전범기업들이 다른 지역에도 있었다고 본다면, 전체 체불임금의 규모는 1991년 현재의 1조 5천억 원보다 훨씬 더 많을 가능성이 있다.

일본은 공탁된 그 돈에 대해 한국인 노동자들에게 알려주지 않았다. 한국 정부에도 협조를 요청하지 않았다. 그래서 한국인들은 봉급을 찾을 수 없었다. 공탁이란 게 아무 의미가 없었던 것이다.

공시송달이란 제도가 있다. 민사소송에서 당사자의 주소가 불명해서 소송서류를 전달할 수 없을 때, 법원 게시판이나 신문에 적어놓은 뒤 일정 기간이 지나면 당사자가 송달받은 것으로 간주하는 제도다. 당사자가 공시 내용을 알지 못했더라도, 내용을 전해 들은 것으로 의제된다.

일본은 그런 식으로 강제징용 피해자들의 봉급을 처리했다. 한국 노동자들이 떠난 뒤 일본 법원 마당의 게시판 같은 곳에다가 "밀린 봉급 찾아가라"는 식으로 공고해놓고 자신들의 의무가 끝났다고 생각하는 것이다. 한국 정부에라도 협조를 구했다면 노동자들이 어떻게든 해봤을 텐데 그런 일마저 없었다. 이런 상태로 시간을 지연시킨 뒤 지금에 와서는 시효가 끝났다고 주장하고 있는 것이다.

이 같은 일본의 비인도적 처사를 무시한 채 이영훈은 "범인은 사감이며, 사감은 한국인일 것"이라며 일본의 죄악을 은폐하는 데 가담하고 있다. 동족이 당한 시련을 같이 아파할 줄 모르는 것은 물론이요, 일본의 주장을 검증도 없이 무조건 맹종하는 한국 뉴라이트의 현실을 보여주는 단면이 아닐 수 없다.

**15**

## 청구권협정에 관한 이상한 논리

●

일본은 1965년 청구권협정으로 다 끝났으니 한국이 더는 청구할
게 없다고 주장한다. 또 한국이 더 이상 바꿀 일도 없다는 주장을 펴
고 있다. 2019년 8월 27일 기자회견에서 고노 다로河野太郎 외무대
신도 "한국이 역사를 바꿔쓰고 싶다고 생각한다면, 그런 것은 불가
능하다는 것을 알 필요가 있다"고 말했다. 강제징용 피해자들의 가
슴에 맺힌 한을 풀어줄 생각이 한 치도 없음을 보여주는 발언이다.

2012년 8월 14일, 국가기록원이 러시아 사할린 국립문서보존
서에서 입수해 공개한 소련 정부 문서에 따르면, 일제강점기 때 사
할린으로 강제징용된 한국인 1만 2,000명 중에서 1945년 이후에
도 생존한 사람은 5,332명밖에 되지 않는다. 불과 몇 년 사이에 숫
자가 절반 이하로 급감한 이유와 관련해, 당시 소련 정부는 일본에

의한 집단학살 가능성 등을 제기했다. 이런 일이 보고된 게 한둘이 아니다. 일본 군 당국이 기밀유지 등을 이유로 강제징용 노동자들을 대량 학살했다는 보고가 다른 지역들에서도 많이 나왔다.

피해자와 유족들이 70년 넘도록 한을 풀지 못하고 사죄를 요구하는 데는 다 이유가 있다. 단순히 임금 체불 때문이라면 이미 오래전에 홀홀 털고 잊어버렸을 것이다. 돈 문제가 아니라 인권 파괴 범죄이기 때문에 그토록 오랫동안 한이 맺힐 수밖에 없는 것이다.

그런데 한국 안에는 피해자들에게 연민을 품기는커녕 도리어 일본을 응원할 뿐 아니라 심지어 일본의 논리를 뒷받침하는 인물들이 있다. 이들 중에서 강제징용 피해자들의 호소를 반박하는 데 상당히 적극적인 인물로는 주익종 낙성대경제연구소 이사 겸 이승만학당 교사를 들 수 있다. 주익종은 《반일 종족주의》에서도 청구권협정 문제를 다뤘다. 그가 쓴 제10장의 제목은 〈애당초 청구할 게 별로 없었다〉다. 그는 제10장의 서두에서 1965년 한일청구권협정과 관련해 무수한 오해와 논쟁이 난무한다고 말한다. 그러면서 "흔한 비판으로, 박정희 정부가 서둘러 타결짓느라 청구권의 극히 일부밖에 관철시키지 못했다고 하면서 굴욕·매국 외교였다고 합니다"라고 말한다.

그는 그 같은 "흔한 비판"에 대해 반론을 개진한다. 그는 한국 측 주장이 틀렸다면서 "애당초 한국 측이 청구할 게 별로 없었습니다"라고 말한다. 그리고 한일협정으로 일체의 청구권이 완전히 정리되었다고 말한다. 그러면서 그것이 "팩트"라고 힘주어 말한다.

주익종은 원래는 일본이 청구할 게 더 많았다고 말한다. 한국이 일본에 청구하는 게 아니라 도리어 일본이 한국에 역청구할 게 애당초 더 많았다는 것이다. 앞서 소개한 바 있듯이, 그는 일본이 한반도에 두고 간 재산은 1946년 당시 가격으로 52억 달러 이상으로, 한반도 총 재산의 85퍼센트에 달했다고 말한다. 그중 22억 달러는 남한에 있다는 게 그의 말이다. 한편, 《한겨레신문》을 창간한 송건호의 《한국 민족주의의 탐구》(한길사, 1979)에는 1945년 기준으로 남한 산업자본의 98퍼센트, 남한 전 재산의 약 80퍼센트가 일본인 소유였다고 설명한다. 주익종은 한반도 전체 재산의 85퍼센트가 일본인 재산이었으므로, 일본이 청구할 게 꽤 많았다고 말한다. 52억 달러 중 30억 달러어치를 북한이 가지고 20억 달러어치를 한국이 가졌으므로 일본이 줘야 할 게 아니라 받을 게 더 많았다는 것이다.

《반일 종족주의》 저자들은 일제 식민지배 덕분에 한국이 근대화되고 잘살게 되었다고 주장한다. 그래서 그들을 식민지 근대화론자라고 부른다. 이들의 논리에 따르면, 일본이 한국 내의 인력과 자원을 활용해 한국인들의 재산을 늘려줬다는 말이 성립한다. 그런데 주익종은 한반도 재산의 85퍼센트가 일본인 것이었다고 인정한다. 일본이 식민지 한국을 개발한 결과물의 85퍼센트가 일본인에게 들어갔음을 시인하는 것이다. 이는 일본의 한국 침략이 일본인을 위한 것이었으며, 한국인의 삶에 득이 되지 않았음을 식민지 근대화론자들도 잘 알고 있다는 것을 의미한다.

주익종은 일본이 역청구할 게 52억 달러인 데 반해 한국이 청구할 것은 7,000만 달러에 불과했다고 주장한다. 그는 "일본이 인정하는 금액은 최대 7,000만 달러에 불과했"다면서 "애당초 한국은 청구할 게 별로 없었던 겁니다"라고 말한다. 일본 측이 제시한 금액의 타당성을 묻지도 따지지도 않고, 일본 측 주장만을 근거로 "한국은 청구할 게 별로 없었다"는 결론을 이끌어낸 것이다. 이런 문구를 제10장의 제목으로 삼았다.

1961년 한국 외무부가 작성한 《제6차 한일회담 재산청구권 관계 종합자료집》에 따르면, 박정희 정권이 파악한 피해자 규모는 100만 명이 넘었다. 자료집 87쪽에 따르면, 노무자 명의로 끌려간 사람이 66만 7,684명, 군인·군속 명의로 끌려간 사람이 36만 5,000명, 도합 103만 2,684명이었다. 자료집 88쪽에 따르면, 이 수치는 일본 후생성 노동국과 미국 전략폭격조사단 자료 등을 토대로 한 것이었다.

이처럼 한·미·일 3국 정부가 파악한 피해자만도 100만 명이 넘었다. 그런데도 주익종은 7,000만 달러만 주면 되었다고 말한다. 1인당 70달러만 주면 되었다는 것이다. 1960년대에 미국에서 1달러는 영화관 입장권 두 매를 구입할 수 있는 돈이었다. 주익종의 말대로라면, 1965년에 강제징용 피해자들이 받을 수 있는 돈의 가치가 미국 극장표 140매밖에 되지 않았다는 이야기다. 사할린을 포함해 각지에서 학살된 피해자들이 수두룩한데, 어떻게 이런 계산법이 나올 수 있는지 의아하지 않을 수 없다.

그의 논리에 따르면, 일본이 7,000만 달러만 주고도 끝낼 수 있었다는 말이 된다. 그런 일본이 3억 달러를 무상 제공하고 2억 달러를 유상 제공한 데 더해 별도의 3억 달러 상업차관까지 제공했다. 일본이 줄 것은 없고 받을 것만 있었다면, 1965년에 청구권협정 때 일본이 이런 금액을 제공한 이유가 궁금해질 수밖에 없다. 그에 대해 주익종은 "10년을 끈 청구권협정을 7,000만 달러로 타결할 순 없었습니다"라고 나름 해명한다. 10년간이나 질질 끈 협상을 끝내면서 도합 8억 달러를 주지 않고는 협상을 끝낼 수 없었다는 것이다. 그래서 한·일 양국이 과소한 청구권 금액을 경제원조로 벌충하기로 했다는 것이다. 한국에게 줄 게 별로 없어서 8억 달러를 주기로 했다는 것이다.

　막상 돈을 주려고 하니, 일본이 보기에도 금액이 너무 적어서 민망했다는 게 주익종의 말이다. 오랫동안 끌어온 협상을 1억 달러도 되지 않는 합의금으로 끝내기가 민망해서 도합 8억 달러로 종결하게 되었다는 게 그의 결론이다.

　그는 한국 측이 약 22억 달러의 재한국 일본인 재산을 이미 취득한 점도 고려해야 했다고 말한다. 그리고 "박정희 정부가 역대 정부와 달리 굴욕·매국 외교를 한 게 아닙니다"라고 변호한다. 그것이 양국 간 최선의 합의였다는 게 그의 판단이다. 22억 달러를 되돌려줘야 할 판국에 8억 달러를 받고 끝냈으니, 이보다 최선의 합의가 어디 있겠느냐는 게 그의 인식이다.

　주익종은 1965년 협정으로 모든 게 정리되었다고 주장한다. 그래서 그 어느 한국인도 더 이상 청구할 게 없다고 말한다. 제10장 후반부에서 그는 한일협정으로 일체의 청구권이 완전히 정리되었다고 한다. 그러면서 "청구권협정문 제2조 제3항에는 '향후 한·일 양국과 그 국민은 어떤 청구권 주장도 할 수 없다'고 명백히 규정되었습니다"라고 확신 있게 말한다.

그의 글을 읽다 보면, 개인 청구권이 진짜 소멸된 것 같은 느낌을 받을 수도 있다. 하지만 청구권협정을 확인해보면 사정이 달라진다. 그는 "명백히 규정되었습니다"라고 했지만, 실제 제2조 제3항에는 그런 명백한 규정이 존재하지 않는다. 이렇게 모호하게 규정되어 있을 뿐이다.

> 제2항의 규정에 따르는 것을 조건으로 하여 일방 체약국 및 그 국민의 재산, 권리 및 이익으로서 본 협정의 서명일에 타방 체약국의 관할하에 있는 것에 대한 조치와 일방 체약국 및 그 국민의 타방 체약국 및 그 국민에 대한 모든 청구권으로서 동同일자 이전에 발생한 사유에 기인하는 것에 관하여는 어떠한 주장도 할 수 없는 것으로 한다.

이 규정의 의미에 관해 2012년 5월 24일 대법원이 전범기업인 신일본제철을 상대로 내린 판결에서 상세히 밝혔다. 판결에 따르면, 청구권협정 제2조는 일제강점기에 발생한 모든 법적 문제를 다루는 조항이 아니다. "청구권협정은 일본의 식민지배 배상을 청구하기 위한 협상이 아니라 샌프란시스코 조약 제4조에 근거하여 한·일 양국 간의 재정적·민사적 채권채무 관계를 정치적 합의에 의하여 해결하기 위한 것"이었다고 대법원은 설명했다. 청구권협정 제2조 제3항을 이해하는 데 필요한 샌프란시스코 강화조약 제4조는 일본인이 한국에서 갖고 있었던 재산과 한국인이 일본에서 갖고 있었던 재산에 관한 것이었다. 청구권협정 제2조 제3항은 바로 그 문제에 대한 것이다.

법률관계에 관한 법적 합의를 하려면, 구체적으로 어떤 사안에 관한 것인지를 먼저 확정해야 한다. 무엇을 대상으로 하는지를 확정해야, 어떤 식으로 해결하겠다고 말할 수 있게 된다. 청구권협정이 대상으로 하는 것은 샌프란시스코 강화조약 제4조의 재산권 문제였지, 식민지배로 인한 불법행위가 아니었다. 청구권협정 어디에도 불법행위 문제를 다루겠다는 문구가 없다. 대법원 판결에서 언급된 것처럼 강화조약 제4조 정도만 언급되었을 뿐이다. 따라서 청구권협정에 언급되지도 않은 강제징용 피해배상 문제가 청구권협정을 통해 정리되었다고 말하는 것은 어불성설이다.

대법원 판결에 따르면, 청구권협정에서 말하는 재산 청구권은 불법적인 강제징용과 애시당초 무관한 것이었다. 1965년 당시, 일본은 위안부 강제동원이든 강제징용이든지 간에 불법적 강제연행을 전혀 인정하지 않았다. 청구권협정으로 불법적 강제동원에 관한 청구권을 소멸시켰다고 주장하려면, 청구권협정 안에서 그 같은 불법 사실을 먼저 인정했어야 한다. 하지만 이 협정 어디에도 그런 문구가 없다. 따라서 불법행위에 대한 청구권은 이 협정과 별개 사안이 되는 것이다.

사실, 국가가 개인의 동의도 받지 않고 개인 청구권을 소멸시킨다는 발상은 폭력적인 국가에서나 가능한 일이다. 국민이 주인인 민주공화국에서 국가가 주인의 손해배상청구권을 임의로 소멸시키는 것은 불가능한 일이다. 그렇기에 청구권협정에서 불법적 강제징용을 인정하고 그 청구권을 소멸시켰더라도 그것은 원천적으로 무효가 될 수밖에 없다. 피해자가 국가에 그런 권리를 위임하지 않았기 때문이다. 피해자 본인이나 상속인이 권리를 포기하지 않는 한, 한·일 양국이 아니라 국제연합이 나선다 해도 개인 청구권을 포기시킬 수는 없다.

이런 문제점을 잘 알고 있기 때문인지, 주익종은 강제징용 손해배상청구 문제를 다시 한번 거론한다. "청구권협정문 제2조 제3항에는 '향후 한일 양국과 그 국민은 어떤 청구권 주장도 할 수 없다'고 명백히 규정되었습니다"라고 자신 있게 결론을 내린 다음, 바로 뒷부분에서 이 문제를 또다시 거론한다. 자신의 설명이 좀 미진하다고 판단했던 모양이다.

그는 청구권협정문에 강제징용 손해배상청구권 문제가 규정되지 않은 것은 사실이지만, 실상은 규정된 것과 마찬가지라고 주장한다. 징용 노동자의 정신적 피해보상 문제가 청구권 회담 때 논의되었지만, 이것이 반영되지 않은 채로 협정이 맺어졌다고 말한다. 협정문에 담지 않았을 뿐, 회담에서 불법행위 문제를 논의한 것은 사실이므로, 이는 그 문제를 소멸시키기로 합의한 것과 마찬가지라고 말한다.

그는 한국이 일본과 국교를 정상화할 때 청구권 문제를 선결 문제로 다뤘고, 그렇게 다뤘음에도 식민지배 피해에 대한 배상·보상이 아니라 한국 측 재산의 반환을 요구하기로 스스로 결정했으므로, 징용 노동자의 정신적 피해를 한국 측이 포기한 것이나 마찬가지라고 주장한다. 협상 과정에서 식민지배 불법행위를 논의하다가 최종 협정문에서 이 문제를 제외한 것은 한국이 그에 관한 청구권을 포기한 증거가 된다는 것이다. 한국이 불법행위 청구권을 포기하고 재산 청구권만을 갖기로 했다고 해석할 수 있다는 것이다.

협의하던 문제가 합의문에 실리지 않으면, 그 문제는 합의되지 않은 것으로 간주된다. 그런데도 주익종은 "협의를 했으므로 협정문에 담지 않더라도 합의한 것으로 볼 수 있다"는 논리를 펴고 있다. 그런 식으로 강제징용 피해자들의 개인 청구권이 완전히 소멸되었다는 게 그의 주장이다. 새로운 법학 이론의 출현을 목격하는 듯한 느낌을 주는 주장이다.

고노 다로는 "한국이 역사를 바꿔쓰고 싶다고 생각한다면, 그런 것은 불가능하다는 것을 알 필요가 있다"고 말했다. 고노는 그런 말을 주익종에게도 해줄 필요가 있다. "당신이 법률 이론을 바꿔쓰고 싶다고 생각한다면, 그런 것은 불가능하다는 것을 알 필요가 있다"라고.

주익종은 "청구권협정으로 모든 개인 청구권이 명확히 소멸되었다"고 말했다. 이것은 청구권협정에서 식민지배 피해배상이 취급되었음을 의미하는 것이다. 그래놓고도 그는 "한국이 식민지배 피해배상이 아니라 '일본 내의 한국 재산에 대한 반환만을 청구하기로 한 것'으로 볼 수 있다"고 말했다. 모든 개인 청구권이 청구권협정에서 논의되었다면서 한국 측이 불법행위 배상청구권을 포기한 것으로 봐야 한다고 말하고 있는 것이다. 이는 청구권협정이 실상은 식민지배 배상에 관한 게 아니라 일본 내 한국 재산에 관한 것임을 스스로 인정하는 셈이다.

그는 제10장 마지막 대목에서도 청구권협정이 강제징용 등과 무관한 사안임을 무의식적으로 인정하고 만다. 마지막 대목에서 그는 "식민지배에 대한 피해배상·보상이 아니고는 한국이 애당초 일본에 청구할 게 별로 없었고, 그를 확인하는 선에서 1965년 청구권협정이 체결되었습니다"라고 말한다. 식민지배에 대한 배상·보상을 빼면 한국이 청구할 게 없었기 때문에 일본이 8억 달러를 주게 되었다고 언급한다. 이는 청구권협정에서 식민지배 문제가 취급되지 않았음을 스스로 인정하는 말이다.

그는 1965년 청구권협정이 "최선의 합의"였다고 말한다. 이 협정을 폐기하지 않는 한, 한국이 일본을 상대로 무언가를 더 청구할 수는 없다고 그는 못을 박는다. 그러면서 그는 "한국인은 1965년 청구권협정으로 일본과의 과거사가 매듭지어졌음을, 과거사가 청산되었음을 인정해야 합니다"라면서 "이게 글로벌 스탠드"라고 말한다.

# 16

## 일본이 수탈한 토지, 얼마나 될까?

●

일본이 토지조사사업을 명분으로 전체 토지의 40퍼센트 이상을 수탈했다는 사실에 한국인들은 분노를 금하지 못하고 있다.

그런데 이영훈을 비롯한 식민지 근대화론자들은 '40퍼센트 이상 수탈설'에 중대 의문을 제기한다. 아무리 제국주의 국가라 할지라도 어떻게 40퍼센트 이상을 빼앗을 수 있겠느냐는 것이다. 그런 문제 제기가 《반일 종족주의》 제2장 〈한 손에는 피스톨을, 다른 한 손에는 측량기를〉 편에 나타난다.

제2장에 설명된 바에 따르면, 이영훈이 제2장 제목을 이렇게 붙인 이유가 있다. 1982년에 신용하 서울대학교 사회학과 교수가 펴낸 《조선토지조사사업 연구》가 그 계기다. 이영훈은 신용하가 "'한 손에는 피스톨을, 다른 한 손에는 측량기를'이란 말을 지어냈"다면

서, 여기서 제2장 제목을 땄다고 말한다. "이 말의 뜻은 어느 민간인이 총독부를 상대로 해당 토지가 자기 소유라고 주장하면 총독부는 피스톨로 그것을 제압했다는 겁니다"라면서 신용하가 토지조사사업을 피스톨이 발사되는 폭력적 과정으로 묘사했다고 했다.

실제로《조선토지조사사업 연구》제1장〈일제하 조선토지조사사업의 구조와 토지소유권 조사〉의 맺음말에서 신용하는 "일제하의 조선토지조사사업의 특질은 무엇보다도 먼저 일제의 식민지 정책에 의하여 특히 주목할 필요가 있는 것이다"라고 말한 뒤 "그것은 비유하면 한 손에 피스톨을 들고 다른 한 손에 측량기를 들고 강행된 토지점유정책이었다"라고 평가했다. 이 같은 신용하의 평가가 오류에 기초해 있다는 게 이영훈의 주장이다.

하지만 오류를 범한 쪽은 신용하가 아니라 이영훈이다. 뒷부분에서 소설가 조정래의《아리랑》과 관련해 다시 설명하겠지만, 사유지를 국유지로 강제 편입시키는 총독부에 대해 농민들이 격렬히 항의하자 헌병대가 출동해 발포하는 사례들이 있었다. 이 점은 임호민·전영길·이성익의 논문을 근거로 뒷부분에서 설명될 것이다. 이영훈이 치밀하게 사실관계 확인 작업을 하지 않았던 것이다.

그런데도 이영훈은 "한 손에는 피스톨을, 다른 한 손에는 측량기를"이라며 신용하 등이 제기한 '40퍼센트 이상 수탈설'에 대해 단호한 입장을 보인다. 근거가 전혀 없다는 게 이영훈의 말이다. 그는 어느 학자도 40퍼센트라는 수치를 증명한 적이 없다면서, 검인정이나 국정 교과서를 쓴 역사학자들이 아무렇게나 지어낸 수치일 뿐이라고 주장한다. 일본이 한국 토지를 수탈했다고 주장한 이상, 어느 정도나 수탈했는지 구체적으로 설명해야 했기에 학자들이 "함부로 지어낸 수치에 불과"하다고 말한다. 최초의 누군가가 그 수치를 지어내고 그다음 사람이 그것을 인용하고 또 그다음 사람이 그것을 재인용하는 과정에서 어느덧 역사적 진실인 듯이 정착되었다고 그는 말한다.

《반일종족주의》제2장을 읽다 보면, 신용하 등의 수탈설이 정말로 아무런 근거도 없는 것처럼 느껴질 수도 있다. 반일 민족주의에 사로잡힌 역사학자들이 대충 짐작으로 지어낸 수치일 수도 있겠다는 느낌이 들 수도 있다. 이영훈이 너무나 확신에 찬 어조로 단호하게 말하기 때문이다. 그는 총독부가 정말로 그렇게 많은 토지를 빼앗았다면, 우리 조상들이 가만히 있었겠냐고 묻는다. 목숨 줄과 다를 바 없는 토지를 빼앗긴 채 가만히 있을 사람이 어디 있느냐는 것이다.

그는 국토의 40퍼센트가 총독부 소유지로 수탈되었다는 학설은 조금만 깊이 생각해봐도 누구나 알 수 있는 거짓말인 게 드러난다고 말한다. 그는 "우리 조상은 토지를 사람의 명맥, 즉 목숨 줄이라고 했습니다"라면서 남이 자기 목숨 줄을 끊고 있는데, 가만히 앉아서 당하고 있을 사람이 어디 있겠느냐고 질문한다. 처자가 굶는데, 가족이 거지가 되는데, 가만히 참고 있을 사람이 어디에 있겠느냐고 묻는다. 누구나 결사 항쟁을 하기 마련이라고 힘주어 말한다. 그런 결사 항쟁이 있었다고는 보고가 없으니 수탈설은 거짓말이라는 게 이영훈의 인식이다. 그는 한국 농민들이 오히려 토지 조사반을 환영했다면서, 처음에는 조사반 활동을 경계했지만 차츰 내용을 알게 되면서 우호적인 태도로 바뀌었다고 말한다. 초기에는 거부감을 보였던 농민들이 일본의 의도가 토지소유권의 근대적 개혁에 있다는 사실을 깨닫게 되었다는 것이다. 그런 목적으로 조사사업이 진행된다는 것을 알게 되자, 나중에는 사업을 환영했다는 것이다. 일본이 헌병대를 동원해 발포까지 해가면서 조사사업을 강행했다는 실증적 연구 결과를 참고하지 않았기 때문에 이렇게 자신 있게 말할 수 있는 것이다.

이영훈이 중점적으로 비판하는 신용하의 논문을 읽어보면 느낌이 달라질 수밖에 없을 것이다. '40퍼센트 이상 수탈'이라는 표현이 너무도 자연스럽게 받아들여질 수도 있다. 하나도 이상할 게 없고 하나도 과할 게 없다는 판단이 들 수도 있다.

독립기념관 한국독립운동사연구소가 1992년 발행한《한국독립운동사 연구》제6집에 신용하의 논문 〈일본제국주의 옹호론과 그 비판〉이 수록되어 있다. 논문에서 신용하는 일제의 토지수탈 규모를 구체적으로 제시했다. 그는 일제가 토지조사사업을 통해 대지와 농경지 등 27만 2,076정보(9,917제곱미터), 임야 955만 7,856정보, 기타 국유지 137만 7,211정보를 포함해 합계 1,120만 6,873정보를 조선총독부 소유로 만들었다고 했다. "이는 한국 국토 총면적의 50.4퍼센트에 달하는 천문학적 숫자의 방대한 규모의 토지 약탈"이라고 신용하는 평가했다. 이 사업을 통해 "관유지·공유지뿐만 아니라 한국 농민들의 사유 농지 9만 6,700정보와 사유 임야 337만 5,662정보가 일제의 무력에 의해 무상으로 약탈당해서 조선총독부 소유지로 편입되었다"고 그는 정리했다.

이영훈은 "역사학자들이 아무렇게나 지어낸 수치"라며 '40퍼센트 이상 수탈'을 가당치 않게 치부한다. 하지만 신용하가 아무렇게나 지어내는 학자가 아니라는 점은 역사학계에서 가장 권위 있는 학술지인《역사학보》를 통해서도 느낄 수 있다. 역사학회가 1983년 발행한《역사학보》제99권·제100권에 실린 조동걸 국민대학교 교수의 서평 〈신용하 저《조선토지조사사업 연구》〉에서 그 점을 확인할 수 있다.

조동걸은 조선총독부가 작성한 1918년《조선토지조사사업보고서》및《추록》, 1920년《조선토지지세제도 조사보고서》, 1938년《조선임야조사사업보고서》를 거론한 뒤, 이 같은 식민 당국의 보고서나 제국주의적 저술물을 반론하면서 토지조사사업의 실체를 규명한 게 신용하의《조선토지조사사업 연구》라고 평했다. 조동걸은 "신 교수는 일본 정부 또는 총독부의 관계 자료를 찾아 다시 분석하고, 또 그동안 국내외 학자의 논저를 검토하여 1966년부터 주변 문제까지 연구한 9편의 논문을 발표한 바 있었는데, 그중에서 토지조사에 관한 직접적인 것만 3편을 모아 1979년 위의 책으로 엮어낸 것"이라고 말했다.

조동걸은 국사학과 교수였다. 역사학자인 그는 "신용하의 학문적 정력과 성실성에 경의를 표한다"는 말로 서평을 끝맺었다. 이영훈의 주장처럼 신용하가 그저 머릿속 상상의 결과만으로 수탈 규모를 조작했다면, 권위 있는 학술지인《역사학보》에 조동걸의 칭송이 실리기도 쉽지 않았을 것이다.

《한국독립운동사 연구》에 실린 위 논문에서 신용하는 총독부가 수탈한 토지를 농경지 등 27만 2,076정보, 임야 955만 7,856정보, 기타 국유지 137만 7,211정보, 합계 1,120만 6,873정보로 정리했다. 그러면서 "종래의 관유지·공유지뿐만 아니라 한국 농민들의 사유 농지 9만 6,700정보와 사유 임야 337만 5,662정보가 일제의 무력에 의해 조선총독부 소유지로 편입되었다"고 정리했다. 여기서 나온 게 '한국 토지 50.4퍼센트 수탈'이라는 신용하의 결론이다.

이영훈은 아무리 일본이라도 어떻게 그런 규모의 약탈을 할 수 있겠냐고 비판한다. 하지만 신용하의 글을 주의 깊게 읽어볼 필요가 있다. 신용하는 토지조사사업 뒤에 총독부가 보유하게 된 토지가 국토의 50.4퍼센트인 1,120만 6,873정보(A)라고 했다. 그는 총독부가 그 토지 전부를 강탈했다고 말하지 않았다. 그중에서 사유 농지 9만 6,700정보 및 사유 임야 337만 5,662정보, 도합 347만 2,362정보(B)가 무력적으로 약탈되었다고 말했다. A의 30.1퍼센트인 B가 무력적 방법으로 약탈되었다고 말한 것이다. 총독부 보유지가 전체 국토의 50.4퍼센트이고 이 50.4퍼센트 중에서 30.1퍼센트가 강탈의 결과물이라고 말했다. 그러니까 전 국토의 15퍼센트 정도가 강탈되었다고 말한 것이다.

A에서 30.1퍼센트를 제외한 나머지 토지는 무력을 동원해 강탈할 필요가 없었다. 왜냐하면, 그것은 대한제국 국유지였기 때문이다. 대한제국 국유지는 총독부 국유지로 자연스럽게 변경되었다. 신용하는 그렇게 넘어간 국유지까지 포함해서 총 수탈 규모를 50.4퍼센트로 계산했던 것이다. 농민들로부터 빼앗은 것이든 대한제국으로부터 넘겨받은 것이든 일제가 수탈한 것으로 볼 수 있다

는 게 그의 인식이었다.

2019년 7월 2일, 서형수 의원(민주당, 경남 양산을)이 국토교통부에서 제출받아 발표한 자료에 따르면, 대한민국 전체 국토 9만 5,483평방미터 중에서 30퍼센트인 2만 8,566평방미터가 국유지에 속해 있다. 대한민국 국토의 30퍼센트가 국유지라는 점을 감안하면, 총독부가 전 국토의 50.4퍼센트를 차지했다는 신용하의 연구결과는 결코 놀랄 만한 게 아니다. 대한제국이 갖고 있던 국유지에 더해 농민들로부터 새로 약탈한 토지를 더한 수치이기 때문이다. '40퍼센트 이상 수탈'이라는 연구결과가 사실은 하나도 이상할 게 없는 것이다.

그런데도 이영훈은 설마 그런 일이 있을 수 있었겠느냐며 수탈설을 황당무계한 이론으로 치부한다. 이는 그가 수탈설을 꼼꼼히 살펴보지 않았을 뿐 아니라 일반적인 국가재정이나 국유지 실태 등을 충분히 조사하지 않았기 때문에 생겨난 결과일 수 있다고 판단할 수 있다.

# 17

# "일제의 식량 수탈은 없었다"는 거짓말

●

아베 신조를 비롯한 극우파는 식민지배에 대해 미안해하지 않는
다. 식민지배가 한국에 득이 되었으면 되었지 절대 해가 되지는 않
았다고 강변한다. 한국전쟁(6·25전쟁) 휴전 3개월 뒤인 1953년 10
월 15일 제3차 한일회담 수석대표로 나온 구보다 간이치로久保田
貫一郎도 그랬다. 식민지배 배상 문제가 거론되자, 그는 "일본은 조
선의 철도나 항만을 만들고 농지를 조성했으며, 대장성이 많은 해
는 2천만 엔도 내놓았다"며 이런 것과 식민지배 배상을 상쇄시키
는 게 어떻겠느냐는 황당한 발상을 입에 담았다.

한국 측은 "대장성이 조선총독부에 제공한 그 2천만 엔이 경찰
서나 형무소를 짓는 데 쓰이지 않았느냐?"고 반박했다. 하지만 쇠
귀에 경 읽기였다. 그는 식민지배가 한국 경제에 도움이 되었다며

한국 측의 심기를 건드렸다.

식민지배가 한국에 득이 되었다고 일본 우익이 서슴없이 주장할 수 있는 것은 그들이 그렇게 잘못 믿고 있거나 그렇게 믿고 싶어 하기 때문이기도 하지만, 그들의 믿음을 부추기는 또 다른 요인이 있다는 점을 간과할 수 없다. 바로, 낙성대경제연구소 등에 포진한 한국 내부의 동조자들이다. 안병직·이영훈 등의 식민지 근대화론 자들은 일본 극우파와 똑같이 주장할 뿐 아니라, 자신들의 논리에 학술적 색채까지 입히고 있다. 일본 극우파가 이들을 '한국 내 양심 적 학자들'로 포장해서 선전할 여지를 만들어주고 있는 것이다.

식민지배가 한국에 해가 되지 않았음을 입증하고자, 낙성대경 제연구소가 내세우는 것 중 하나는 '일제에 의한 식량 수탈이 없었 다'는 주장이다. 《반일 종족주의》제3장 〈식량을 수탈했다고?〉 편 에 이런 주장이 담겨 있다.

식량 수탈 혹은 쌀 수탈로 한민족이 고난을 겪었다는 점은 한국 사 교과서에 잘 소개되어 있다. 쌀 증산을 목표로 일제가 시행한 산미증식계획이 한국이 아닌 일본을 위한 것이었다는 사실이, 국 사편찬위원회가 2007년 발행한 고등학교 《국사》에는 다음과 같은 표로 설명되어 있다.

조선총독부 농림국이 작성한 《조선미곡요람》에 근거한 이 표에 따르면, 조선의 쌀 생산량은 일제강점 2년 뒤인 1912년에 1,156만 8천 석이었다. 산미증식의 결과로 이 양은 1928년에 1,729만 8천 석으로 늘었다. 1912년에 비해 49.5퍼센트 증가한 것이다.

중요한 것은 일본으로 판매되는 양이 많았다는 점이다. 일본으로 넘어간 양이 1912년에는 291만 석, 1928년에는 740만 5천 석이다. 154.5퍼센트 증가한 것이다. 쌀 생산량은 49.5퍼센트 증가한데 반해, 대일 판매량은 세 배 이상이나 증가했다.

그럼 증가된 생산분만큼만 일본으로 넘어간 것일까? 1912년과 1928년을 비교하면, 증산분만큼만 넘어간 것처럼 보일 수도 있다. 1912년에는 1,156만 8천 석이 생산되고 1928년에는 1,729만 8천 석이 생산되었다. 461만 6천 석이 증산된 것이다. 한편, 일본으로 넘어간 쌀이 1912년에는 291만 석, 1928년에는 740만 5천 석이다. 449만 5천 석이 더 넘어간 것이다. 이것만 보면, 대일 판매량의 증가분이 증산량과 거의 일치한다.

하지만 다른 연도들을 보면 이야기가 달라진다. 증산량보다 많은 양이 일본으로 넘어간 해들을 발견할 수 있다. 1912년과 비교할 때, 1929년에는 194만 3천 석이 증산되었지만 대일 판매량은 269만 9천 석이 증가했다. 1930년에도 증산량보다 많은 양이 일본으로 넘어갔다. 농업이 최대 산업이던 이 시대에 농업 증산량보다 많은 양이 일본에 넘어갔다는 것은 일제의 산업정책이 식민지를 위한 것이었는지, 일본을 위한 것이었는지를 생각하게 한다.

제국주의 일본이 식량을 수탈해갔다는 점은 한국인의 쌀 섭취량 변화를 통해서도 확인된다. 표에 따르면, 1912년에 1인당 연간 섭취량이 0.772석이었다. 그랬던 것이 1929년에는 1인당 0.446석으로 떨어졌다. 쌀이 증산되었는데도 섭취량은 줄어든 것이다. 생산량과 섭취량이 반비례한 것이다.

식민지 한국이 쌀을 강제로 빼앗겼다는 점은 한·일 양쪽의 섭취

**쌀 생산량과 수출량 및 소비량**

| 연도 | 쌀 생산량(천 석) | 일본 수출량(천 석) | 한국인 연간 1인당 소비량(석) | 일본인 연간 1인당 소비량(석) |
|---|---|---|---|---|
| 1912 | 11,568 | 2,910 | 0.772 | 1.068 |
| 1915 | 14,130 | 2,058 | 0.738 | 1.111 |
| 1917 | 13,933 | 1,296 | 0.720 | 1.126 |
| 1919 | 15,294 | 2,874 | 0.725 | 1.124 |
| 1921 | 14,882 | 3,080 | 0.675 | 1.153 |
| 1923 | 15,014 | 3,624 | 0.647 | 1.153 |
| 1925 | 13,219 | 4,619 | 0.519 | 1.128 |
| 1926 | 14,773 | 5,429 | 0.533 | 1.131 |
| 1927 | 15,300 | 6,136 | 0.523 | 1.095 |
| 1928 | 17,298 | 7,405 | 0.540 | 1.129 |
| 1929 | 13,511 | 5,609 | 0.446 | 1.110 |
| 1930 | 13,511 | 5,426 | 0.451 | 1.077 |

출처: 조선총독부 농림국, 《조선미곡요람》

량을 비교해보면 더 잘 드러난다. 쌀 생산량의 증가에도 불구하고 한국인의 섭취량은 매년 1석이 안 되지만, 일본인의 소비량은 1석을 넘겼다. 다른 것도 아니고 조선총독부 농림국이 작성한《조선미곡요람》만으로도 이런 참담한 실상이 드러난다.

위 표에는 언급되지 않았지만, 한국인의 참담한 실상은 한반도 거주 한국인과 일본 거주 한국인의 식생활 차이에서도 표출된다. 농림성 같은 일본 정부 자료를 분석한 이송순 고려대학교 한국사연구소 연구교수의 논문〈일제강점기 조선인 식생활의 지역성과 식민지성〉에서 그 점을 확인할 수 있다.

고려사학회가 2019년 발행한《한국사학보》제75호에 실린 이 논문에 따르면, 식민지 한국인들이 주로 섭취하는 것은 보리 등을 비롯한 다양한 잡곡이었다. 쌀을 주식으로 먹는 사람들도 물론 있었다. 하지만 그 비율은 13퍼센트에 불과했다. 나머지 87퍼센트에게 쌀은 부잣집에서나 먹는 곡식이었던 것이다. 또 식민지 한국에서는 단백질 소비량도 매우 적었다. 이 논문에 따르면 "조선인 중약 30퍼센트는 1년 내내 육류·생선·계란 등의 어떠한 동물성 단백질도 먹지 못하는 처지였다."

동물성 단백질은 그렇다 치더라도 쌀을 제대로 맛볼 수 없었다는 것은 부조리한 일이었다. 쌀 생산량이 늘어나고 일본으로 수출까지 하는데도 한국인 대다수는 쌀을 주식으로 먹을 수 없었다는 것은 식민지배의 부조리를 보여주는 일이다. 이처럼 한국인 87퍼센트는 한국에서 쌀이 생산되는데도 주식은 잡곡이었던 반면, 일본에 가서 노동이나 날품팔이를 하는 한국인들의 경우에는 사정이 달랐다. 논문은 "재일 조선인은 주식으로 백미를 섭취하고 있었다"면서 "이들은 일본 내에서 거의 최하층이었지만, 쌀을 구입해서 쌀밥을 지어먹었다"고 말한다.

일본으로 이주한 사람들 중 상당수는 한반도에서 살기 힘든 이들이었음은 상상하기 어렵지 않다. 이들은 쌀을 먹는 13퍼센트에 끼지 못했다. 87퍼센트 내에서도 못 사는 축에 끼었던 사람들이다. 이들은 1년 내내 동물성 단백질을 맛보기 힘든 사람들이었다. 그러나 이들도 일본에 가기만 하면, 돈을 아무리 적게 번다고 해도 주식은 쌀이었다. 한국인들이 생산한 쌀이 한국이 아닌 일본에서 넘쳐났기에 가능한 일이다. 한국에서 잘살 수도 없고, 한국을 벗어날 수도 없는 사람들은 꼼짝없이 수탈당하며 영양부족을 견뎌야 했던 것이다. 서글픈 것은 그들이 그러면서도 열심히 농사를 지어야 했다는 점이다.

하지만 이영훈은 그것을 수탈로 볼 수 없다고 한다. 《반일 종족주의》 제3장에서 그는 국사 교과서의 서술이 상식에 맞지 않는다고 말한다. "교과서의 서술이 상정하고 있는 것처럼 만약 누군가가 피땀 흘려 생산한 쌀을 강제로 빼앗아갔다고 한다면, 바보가 아니고서야 가만히 참고 있을 농민도 없겠거니와, 그것이 곧 신문에 보도될 뉴스거리가 되었을 것으로 생각합니다"라고 한다. 한국인들이 바보가 아닌 이상, 쌀 수탈을 묵인하고 있었겠느냐는 것이다. 그렇다면 한국인은 바보라는 것인가? 그런 느낌이 들게 하는 글이다. 그는 그런 일들이 있었다면 신문에 떠들썩하게 보도되지 않았겠느냐고 말한다. 일제강점기 언론이 지금의 언론처럼 보도의 자유를 누렸으리라는 가정하에 그렇게 주장하는 것이다.

그런 그도 쌀 증산량에 비해 한국인 섭취량이 줄었다는 점만큼은 인정한다. 하지만 그는 그것이 일본 때문은 아니라고 강조한다. 그는 식민지의 인구증가에서 원인을 찾는다. "생산량에서 수출량을 빼고 수입량을 더해서 구한 국내 소비량은 정체되어 있었는데, 그 사이 인구가 늘었기 때문에 1인당 쌀 소비량은 감소하고 있었음을 알 수 있습니다"라고 말한다. 국내 소비량이 정체된 상태에서 인구가 늘어났기 때문이라는 것이다. 한국인들의 쌀 섭취량이 감소한 것은 수탈의 결과가 아니라 인구증가의 결과라는 주장이다. 식민지 한국 내부에서 책임 소재를 규명해야 한다는 태도인 것이다.

그런데 이영훈의 말은 언뜻 보면 총독부에 유리한 것 같다. 하지만 실상은 불리하다. 그의 말대로라면, 식민지 한국을 지배하겠다고 들어온 총독부가 한국인 인구증가도 고려하지 않고 쌀 정책을 결정했다는 뜻이 된다. 이는 그들의 무능과 악의를 증명하는 것이 된다. 인구가 증가하는 것을 빤히 지켜보면서도 쌀의 대일 유출을 조장했다는 것은 그들이 너무도 무책임했을 뿐 아니라 한국인들을 수탈할 의사가 있었음을 입증하는 것이라고 말할 수 있다.

쌀 섭취량의 감소를 인구증가 탓으로 돌린 뒤, 이영훈은 1931년 6월 16일자 《동아일보》 기사를 거론한다. 이날 신문에 나온 〈조선미 이입제한엔 절대 반대〉라는 기사를 들면서 화제를 전환한다. 조선 쌀의 유입으로 피해를 본 일본 농민들이 조선미 유입을 반대하는 현상을 보도한 기사다. 이런 사실을 보도하면서 《동아일보》 기사는 '조선 쌀을 막지 말라'는 항의의 의견을 피력했다. 이 기사의 결론 부분은 이렇다.

> 조선의 입장으로 앉아서는 그 방법의 여하를 물론하고 어떠한 종류의 이입 제한이든지 그것이 차호此毫라도 조선미의 일본 유출을 방해하는 성질의 것이면 차此를 절대로 반대할 수밖에 없다.

이 조금이라도[此毫] 조선 쌀의 일본 판매를 방해하는 게 있으면 절대 반대할 수밖에 없다며 강경한 태도를 피력하는 기사다. 이 기사를 근거로, 이영훈은 《동아일보》는 조선 농민의 입장에서 단호히 반대"했다고 말한다. 쌀의 대일 수출이 조선 농민의 이익에 부합했기에 이런 기사를 내보냈다는 것이다.

그는 "이를 거꾸로 보면, 일본이라는 쌀의 대규모 수출 시장이

《동아일보》 1931년 6월 16일자 기사

출처: 한국사데이터베이스

옆에 있었기 때문에, 조선의 쌀 생산이 크게 늘어났음에도 쌀값은 불리해지지 않았고, 그것이 조선 농민의 소득 증가에 크게 기여했음을 알 수 있습니다"라고 말한다. 산미증식으로 쌀 유통량이 늘어났는데도 한국 쌀값이 떨어지지 않은 것은 일본인들이 한국 쌀을 구매해줬기 때문이고, 이 덕분에 한국 농민들의 소득이 증가했다는 것이다. 그래서 한국 쌀 유입을 반대하는 일본 농민들에 맞서 《동아일보》가 '한국 쌀을 막지 말라'는 경고성 기사를 실었다는 것이다. 한국인들이 쌀의 대일 판매를 싫어했다면 《동아일보》가 이런 기사를 내보냈겠냐는 게 이영훈의 생각이다.

그런 뒤 그는 1인당 쌀 섭취량이 감소한 문제를 재차 거론한다. "쌀을 수출한 것이 생활 수준의 하락을 가져온 원인은 아닙니다"라고 강조한 뒤 송이버섯 비유를 꺼낸다. 그는 지금 상황을 거론하면서, 요즘에는 송이버섯이 귀하고 비싸서 보통 사람들은 좀처럼 먹기 힘들다고 말한다. 그 이유 중의 하나는 송이버섯이 일본으로 대량 수출되기 때문이라고 말한다. 일본 사람들의 송이버섯 사랑이 하도 대단해서 일본에서는 가격이 매우 높다고 말한 뒤, 그는 "한국의 송이버섯 채취 농가가 생산량을 늘렸다고 해도, 더 많이 수출하고 나면 송이버섯의 한국 내 소비가 줄어들겠지요"라면서 "그렇다고 해서 한국의 생활 수준이 떨어졌다고 얘기하지는 않습니다"라고 말한다.

한국인들이 송이버섯을 수출하기 위해 자체 소비를 줄인다고 해서 생활 수준이 떨어졌다고 말할 수 없듯이, 일제하 한국인들이 일본에 쌀을 수출하느라 쌀을 못 먹었다고 하여 생활 수준이 떨어졌다고 볼 수는 없다는 것이다. 쌀은 핵심 식량이고 송이버섯은 그렇지 않다는 이치를 도외시한 궤변이다.

이 대목에서 해결해야 할 의문이 있다. 《동아일보》에 따르면, 1931년 당시의 한국인들은 쌀의 대일 판매를 지지했다. 이를 근거로 이영훈은 일제의 쌀 정책이 식민지에 도움이 되었다는 결론을 이끌어냈다. 한국인들이 쌀 수출을 원했다는 그의 말을 듣다 보면, 일제 식민지배가 도움이 되었을지도 모르겠구나 하는 생각이 순간적으로 들 수도 있다.

그런 느낌이 들 수 있는 것은 이영훈이 글 속에 '장치'를 해두었기 때문이다. 그는 '조선 농민'이란 표현을 강조해서 사용했다. 한국인들이 쌀의 대일 판매를 희망했으며 그런 판매가 한국에 이익이 되었음을 보여주기 위해 그렇게 강조한 것이다. 만약 그가 '조선 농민' 대신 '조선 지주'란 표현을 썼다면, 《동아일보》가 쌀의 대일 판매를 지지한 이유가 명확히 드러났을 것이다. 일제의 쌀 정책으로 대다수 한국인이 수탈을 당하는 가운데 소수의 지주계급만큼은 총독부와의 협력 하에 이익을 봤다는 사실이 금세 드러났을 것이다. 이영훈이 '지주'를 '농민'으로 바꾸는 바람에 그런 사실이 감춰질 수밖에 없었던 것이다.

유통회사 대리점을 경영하는 사람은 상인으로 불릴 수 있어도, 유통회사 본사의 사장은 상인으로 불리지 않는다. 유통회사를 경영하므로 상인인 것은 맞지만, 그 같은 표현으로는 그가 하는 일과 그가 차지한 사회적 지위가 잘 드러나지 않는다. 마찬가지다. 지주도 크게 보면 농민이다. 그렇지만 농민이란 표현으로는 지주의 기능과 지위를 정확히 표시하기 힘들다. 소규모가 아닌 대규모 토지를 보유한 지주인 경우에는 더욱 그렇다. 일반적으로 '농민'이란 표현은 지주보다는 소작농을 먼저 연상시키기 마련이다. 지주도 농민으로 불리는 경우는 있지만, 그것은 소규모 자영농일 때에나 해당한다.

이영훈은 "조선 지주들은 쌀의 대일 판매를 찬성했다"고 하지 않고, "조선 농민들이 쌀의 대일 판매를 찬성했다"고 썼다. 이 바람에 독자들이 착오를 일으킬 여지가 높아졌다. 지주가 아닌 일반 농민들이 일본의 쌀 정책을 지지한 것 같은 착각을 일으킬 수도 있는 필법이다.

쌀의 대일 판매로 이익을 본 것이 소수의 지주계급에 불과하다는 점을 이영훈 자신도 잘 알고 있다. 제3장 본문의 후반부에서 그 점이 불쑥 튀어나온다. 이 부분에서 그는 "전체 농가 중에서 지주의 비중은 3.6퍼센트에 불과"했다면서 이 지주들이 소작료 수입을 통해 전체 쌀 생산량의 37퍼센트를 취득했다고 말한다. 자기 집에서 자가 소비하는 양을 제외하고 시장에서 상품화된 쌀을 기준으로 하면 이들 지주가 차지한 몫이 전체 생산량의 50퍼센트 이상이 된다고 그는 말한다. 그러면서 그는 "앞에서 쌀이 수출 상품이 되어 조선의 농민들이 유리해졌음을 언급했지만, 그 혜택은 쌀 판매량이 많은 지주나 자작농에게 집중되었고, 소작농에게 돌아간 것은 미미한 수준에 그칠 수밖에 없었습니다"라고 한다.

쌀의 대일 판매로 이득을 본 것은 3.6퍼센트에 불과한 지주계급 혹은 그들과 필적하는 소수의 부유 자작농뿐이었다는 점을 이영훈도 인정했다. 일반 농민인 소작농한테는 혜택이 돌아가지 않았음을 인정한 것이다. 소작농들은 쌀 섭취량 감소로 생활고만 겪었을 뿐이었다. 이처럼, 쌀의 대일 판매가 총독부 지지 계층인 지주계급한테만 유리했다는 점을 잘 알고 있으면서도, "조선 농민들이 대일 판매를 찬성했다"며 착오를 유도했던 것이다.

쌀의 대일 판매로 소수의 지주들만 이익을 봤다는 언급은 이영훈의 주장에 해가 된다. 그런데도 그가 그런 말을 한 이유가 있다. 한국 농민들이 가난하게 살 수밖에 없었던 이유를 설명하기 위해서였다. 한국 소작농들이 가난을 면치 못한 것은 일본 때문이 아니라 지주계급 때문이라는 메시지를 전하려 했던 것이다. 그런 말을 하다 보니, 쌀의 대일 판매로 이익을 본 게 지주계급뿐이었음을 자연스레 인정하게 된 것이다.

이처럼 낙성대경제연구소에 포진한 식민지 근대화론자들의 주장은 고약하다. 한국인들의 착각을 은근히 유도하는 주장들을 퍼트리고 있다. 그러면서도 그들의 논리에는 허술한 부분이 많다. 일제의 쌀 수탈을 부정하는 그들의 논리는 다름 아닌 그들 자신의 논리에 의해 부정되고 있다. 그렇지만 그런 논리도 일본 우익한테는 도움이 될 수 있다. 이들에게는 고마운 일이다. '양심적인 한국 지식인들'이 일제 식민통치에 고마워하고 있다는 선전을 하는 데 유용한 수단이 될 수 있기 때문이다.

제4부

# 누구를 위한 반일 종족주의인가

일제강점을 합리화하는 뉴라이트의 의도

# 18

## 을사늑약을 옹호하는 그들의 속내

●

《반일 종족주의》는 단순히 일제 식민지배만 미화하는 책이 아니다. 일제강점기뿐 아니라 그 이전 단계도 긍정적으로 평가하는 책이다. 1905년 11월 17일의 을사늑약(이른바 을사보호조약)에 대한 관점에서 그들의 인식 세계가 드러난다.

을사늑약이 정상 절차를 거치지 않아 무효라는 사실은 이미 널리 알려져 있다. 이토 히로부미伊藤博文가 일본군을 배치해놓는 위협적 분위기 속에서, 고종 황제의 전권위임장도 작성되지 않은 상태에서 늑약 체결이 강제되었다. 또 사후 승인인 비준 절차도 없었다.

늑약이 무효라는 점은 최고 통치자인 고종황제의 태도에서도 나타난다. 늑약 2개월 뒤인 1906년 1월 29일 고종은 '조약 무효 문건'을 작성해서 영국《트리뷴The Tribune》의 더글러스 스토리Douglas Story

기자에게 건넸다. 이것이 그해 12월 1일《트리뷴》에 보도되었다.

1907년 헤이그 만국평화회의에 파견된 대한제국 특사단도 그 같은 고종의 뜻을 세계 만방에 알리려 했다. 이런 사실들은 고종이 을사늑약을 어떻게 바라봤는지를 잘 보여준다. 이토 히로부미 앞에서는 제대로 주장하지 못했지만, 그는 그것이 무효라고 판단했던 것이다. 그래서 그는 전 세계를 상대로 무효를 외치고 싶어 했다. 다른 사람도 아니고 조약 체결권자가 무효라고 주장한다면, 이런 조약의 유효를 쉽게 인정할 수 있을까?

을사늑약은 국제법적으로도 엉터리였다. 국제법학자인 도시환 한국외국어대학교 로스쿨 외래교수는 〈을사늑약의 국제법적 문제점에 대한 재조명〉이란 논문에서 "을사늑약은 성립 요건으로서의 조약 체결 형식, 절차, 명칭을 구비하지 못한 것"이라고 설명한다.

당시 대한제국에는 헌법에 해당하는 대한국국제大韓國國制란 것이 있었다. 2015년 발행된《국제법학회논총》제60권 제4호에 따르면, 도시환은 "대한국제 제9조에 의하면 조약체결권자는 고종황제이므로 고종황제의 비준이 필요하고, 비준한 후 양국의 전권위임대표에 의해 비준서가 상호 교환되어야 양국간 조약으로서 성립한다"고 말한 뒤 "고종 황제는 이에 비준하지 않았다"고 설명한다. 그는 "한국 황제의 비준이 필요했음에도 불구하고 이를 구비하지 못했던 을사늑약은 성립조차 되지 않은 조약, 환언하면 조약으로 완성되지 않은 상태에 불과한 것"이라고 평가했다.

을사늑약은 조약의 성립요건마저 충족하지 못했다. 무엇보다 황제인 고종이 무효라고 주장했다. 따라서 을사늑약이 정당하고 합법적이지 않음은 더는 강조할 필요도 없다. 그런데도《반일 종족주의》저자들은 체결 과정에 아무 문제도 없었노라고 강변한다.

김용삼 전 조선일보 기자가 담당한《반일 종족주의》제17장 〈을사오적을 위한 변명〉 편은 을사늑약이 "공식적으로 체결된 조약"이라고 주장한다. 그의 말에 따르면, 이토 히로부미가 붓을 들어 친필로 문안 수정 작업을 하고 문안을 정리한 다음에 고종의 재가를 받았고, 그런 뒤에 외부대신 박제순과 일본 공사 하야시가 정식으로 조약을 체결했다고 한다.

일본군이 위협하고 전권위임도 없었고 비준도 없었다는 절차적 하자는 전혀 고려하지 않은 채, 일본 정부에 의해 조약이 유효로 간주된 사실만을 근거로 "공식적으로 체결된 조약"이라고 주장하는 것이다.

《반일 종족주의》는 고종이 늑약을 승인한 것 같은 인상마저 풍기려고 시도한다. 일본군과 이토 히로부미에 둘러싸여 속마음을 표현할 수 없었던 고종이 이토에게 건넨 인사치레 한마디를 찾아내, 고종이 조약을 비준한 것 같은 인상을 주려고 하는 것이다. 김용삼은 늑약이 강제된 직후에 고종이 이토 히로부미 특사에게 "새 협약의 성립은 두 나라를 위해 축하할 일이다"면서 "짐은 신병으로 피로하지만 당신은 밤늦도록 수고했으니 얼마나 피곤하겠소"라고 말했다고 한다. 김용삼은 고종이 위로의 칙어를 내렸다고 말한다.

군주가 무언가를 직접 언급하는 것을 '칙어勅語'라고 한다. 김용삼이 '위로'라고 하지 않고 군이 '위로의 칙어'라고 표현한 것은 그

말이 늑약에 대한 정식 승인인 것처럼 포장하기 위해서라고 볼 수 있다. 그 정도 인사치레로 조약을 비준할 수 없음이 명백한데도 그것을 근거로 을사늑약에 정당성과 합법성을 부여하고 있는 것이다.

역으로 생각하면, 김용삼이 제시한 증거는 을사늑약이 무효임을 입증하는 반증이 될 수도 있다. 그를 비롯한 《반일 종족주의》 저자들은 고종이 을사늑약을 승인했음을 입증하고자 최대한 열심히 증거를 수색했을 것이다.

그렇게 해서 찾아낸 게 위협적 분위기에서 고종이 던진 위로 한마디에 불과하다는 것은 《반일 종족주의》 저자들도 늑약의 유효를 입증할 증거를 찾지 못했음을 의미하는 것이다. 김용삼의 주장은 자신이 증거를 찾지 못했음을 간접적으로 시인한 셈이 된다. 을사늑약의 합법성을 주장하고 싶었지만, 결과적으로 무효를 인정하고 말았던 것이다.

이들이 실수를 범하는 것은 결코 지적 능력이 모자라서가 아니다. 사실이 아닌 것을 사실처럼 꾸미려 하다 보니 억지 주장을 펴게 되고, 그러다 보니 실수를 범하게 되는 것이다. '을사늑약은 합법'이라는 환상에 과도하게 집착한 결과라고 할 수 있다.

만약 그들의 주장대로 을사늑약이 정말로 합법이었다면, 그 체결을 주도했다는 이유로 두고두고 욕을 먹는 을사오적에 대해서도 다른 판단을 할 수밖에 없을 것이다. 그렇게 되면 그들에 대해 '혐의 없음' 결론을 내릴 수밖에 없다.

을사늑약에 대한 그들의 변호는 을사오적에 대한 변호로 자연스레 이어진다. 을사오적의 대표주자 이완용에 대해서도 이들은 변호한다.

《반일 종족주의》제17장에서 김용삼은 이완용이 매국행위로 이름을 더럽혔다는 점은 인정한다. 그렇지만 그는 을사늑약 강제와 대한제국 멸망의 책임을 이완용과 을사오적에게만 전가하는 것은 옳지 않다고 주장한다. 을사늑약이 황제인 고종의 결정에 의한 것이었기 때문이라는 것이다. 고종에게 물어야 할 책임을 이완용과 을사오적한테 물을 수는 없다는 것이다.

을사늑약 체결이 고종의 결정에 의한 것이었다는 말은 사실과 어긋난다. 하지만 고종이 책임을 져야 한다는 김용삼의 말은 분명히 옳다. 체결을 지시했든 아니든, 고종이 나라를 제대로 건사하지 못해 그 지경까지 이른 것은 부인할 수 없는 사실이다.

하지만 그렇다고 을사오적이 책임을 면할 수 있는 것은 아니다. 이들의 책임 역시 부정할 수 없기 때문이다. 고종은 이토 히로부미의 요구를 거부했다. 그런 고종이 늑약 체결을 반대할 수 없도록 만든 게 바로 을사오적이었으며, 그중에서도 핵심 역할을 한 게 이완용이었다.

이토 히로부미는 1905년 11월 15일부터 외교권 포기를 요구하면서 고종을 압박했다. 하지만 고종은 외면했다. 각료들도 마찬가지였다.

이때 분위기를 반전시킨 게 이완용이다. 1905년 12월 16일자 《고종실록》에 정리된 바에 따르면, 이완용이 분위기를 전환시킨 시점은 11월 16일이다. 이날 고종은 각료들을 불러 대책회의를 열었다. 하지만 누구도 뾰족한 수를 내놓지 못했다. 고종은 괴로운 표정을 지으면서 "일단 미뤄보자"고 말했다. 고종이 시간을 끌려고 하는 것처럼 보이자, 이완용이 말문을 열었다. 이때 터져나온 이완용의 한마디가 고종의 태도를 바꾸는 촉매제가 되었다.《고종실록》에 따르면, 이완용은 이렇게 말했다.

지금 일본 대사가 폐하를 뵙겠다고 청하고 있습니다. 만약 폐하의 마음이 단호해서 끝까지 흔들리지 않으신다면, 나라를 위해 진실로 천만다행입니다. 하지만 만약 넓은 도량으로 부득이하게 허락하게 될 경우에는 어떻게 하시겠습니까? 이런 부분에 대해 미리 대책을 강구하셔야 합니다.

황제 당신이 끝까지 외교권을 지킬 수 있다면 천만다행이지만, 부득이해서 포기하게 될 경우는 어떻게 하겠느냐는 물음이었다. 끝까지 거부할 자신이 있느냐는 것이었다. 속뜻은 '당신은 그럴 수 없다'로, 고종의 태도 변화를 촉구하는 말이었다.

이완용의 말에 고종은 마음이 흔들렸다. 그는 조약 체결 문제를 대신들에게 위임했다. 경들이 알아서 하라는 식으로 떠넘긴 것이다. 이토 히로부미는 이를 동의의 표시로 간주했다. 그래서 각료들을 모아 놓고 위협적 분위기를 연출했다. "황제가 당신들에게 위임한 것은 찬성한 것이나 마찬가지"라며 "빨리 결론을 내라"고 윽박질렀다. 그러자 이완용을 비롯한 다섯 대신이 찬성을 표방하게 되었다. 이로써 을사늑약은 통과되었다.

이런 과정에서 드러나듯이 이완용의 역할은 결정적이었다. 이토 히로부미도 하지 못한, 고종의 마음을 흔들어대는 역할을 그가 해냈다. 그런데도 《반일 종족주의》는 "이완용은 며칠 전 입각한 신참 학부대신에 불과했습니다"라며 그의 역할을 축소한다. 또 이완용을 비롯한 을사오적에 대한 비판은 《대한매일신보》 같은 당시 언론들의 오보에서 나왔다고 주장한다. 그러니 이완용에 대한 비판을 거두자고 호소하고 있는 것이다.

《반일 종족주의》는 이완용의 매국 행위를 서술하는 위의 《고종실록》이 제작된 경위를 고려하지 않고 있다. 실록은 군주가 죽은 뒤에 편찬된다. 《고종실록》도 마찬가지로 고종이 죽은 지 16년 뒤인 1935년 완성되었다. 1935년이면 일본이 만주를 점령하고 괴뢰국 만주국을 세운 이후이자, 1937년 중일전쟁으로 대륙침략을 본격화하기 이전이었다. 한마디로, 일본 제국주의의 위력이 정점에 달했을 때였다.

이런 시점에 《고종실록》은 편찬되었다. 편찬한 기관은 일본 황실의 감독을 받는 조선 왕실 사무처인 이왕직李王職이었다. 위에서 사료를 소개한 것처럼, 이왕직이 편찬한 《고종실록》에서 을사늑약에 대한 이완용의 책임을 인정했다. 이는 일본이 인정한 것이나 마찬가지였다. 이런 사실을 《반일 종족주의》 저자들이 근거도 없이 부정하고 있는 것이다.

자신들의 문제점도 감안하지 않고 《반일 종족주의》 저자들은 을사늑약 당시의 한국인들이 사실 확인도 없이 을사오적만 비판하고 고종은 면책시켰다고 주장한다. 이 역시 사실이 아니다.

고종의 책임을 비판하는 목소리도 당연히 있었다. 고종이 통치하는 나라가 잘못되고 있는데 고종에 대한 비판의 목소리가 나오지 않았을 리가 없다. 당시 최고의 논객인 최익현이 가만히 있을 리 없었다. 그는 고종에게 제출한 상소문에서 "폐하께서 끝까지 반대하셨다면, 저들이 군대를 배치하고 억지로 협박한다 해도 우리를 어떻게 하겠습니까?"라며 고종을 비판했다. 고종의 책임을 인식하는 사회적 분위기가 있었기에 이런 상소도 나올 수 있었다고 볼 수 있다.

하지만 당시 사람들은 외형상으로는 을사오적을 더 비판했다. 그들이 그렇게 한 것은 을사오적이 고종을 부추기거나 늑약 체결을 주도했음을 알고 있었기 때문이다. 을사오적이 더 많은 비판을 받은 데는 왕조국가의 특성도 작용했다. 군주제 국가에서는 웬만한 사안이 아니면 임금을 비판하지 않는 게 상식이었다. 군주는 곧 하늘로 인식되었기 때문이다. 그래서 대단히 결정적인 사안이 아니라면 군주보다는 그 옆의 신하들을 더 많이 비판했다. 이런 이유로 고종에 대한 비판이 더 크게 부각되지 않을 수 있었던 것이다. 당시 사람들이 고종의 책임을 몰라서 을사오적을 중점적으로 비판했던 것은 결코 아니었다.

유의해야 할 점이 있다. 고종이 황제라 하여 고종한테만 책임을 돌린다면, 당시 한국인 중 어느 누구도 망국의 책임을 질 필요가 없다는 말이 된다. 이는 최고지도자만 아니면 망국에 책임이 없다는 의미가 되는 것이다. 일부 선비들은 을사오적처럼 죄를 짓지 않았는데도 스스로를 나무라며 순국의 길을 택했다. 그들은 자기한테도 책임이 있다고 스스로 인정했다.

그런 이들도 있는데, 이완용을 비롯한 을사오적한테 아무 책임이 없다고는 말할 수 없다. 그들은 고종과 함께 국정을 운영한 사람들이었다. 이에 그치지 않고 을사늑약을 최종적으로 가능하게 만든 주범들이다. 이제 와서 법적 책임을 물을 수는 없겠지만, 적어도 역사적 책임은 물어야 한다. 그래야만 을사오적과 비슷한 유의 재등장을 막을 수 있을 것이다.

황제 고종이 최고 책임을 져야 한다고 해서 을사오적을 비판하지 않는다면, 아베 신조 총리를 지지하고 친일청산을 반대하는 한국 보수진영 내에서 앞으로 제2의 을사오적이 출현하지 않으리라고 누가 장담할 수 있을까. 이런 사정도 감안하지 않고 《반일 종족주의》는 "114년이 지난 오늘날까지도 우리 한국인이 망국의 책임을 을사오적에 묻는다면, 그것은 심각한 정신문화의 지체를 의미합니다"라고 말한다. 을사오적에 대한 한국인들의 정서를, 지체된 정신문화, 즉 후진적인 정신문화로 폄하한 것이다.

《반일 종족주의》 저자들이 '정신문화의 지체'까지 운운하면서 을사오적을 감싸는 데는 그만한 이유가 있다. 을사오적이 매국노로 규정되면, 그들과 함께 대한제국 외교권을 강탈한 일본 제국주의도 불의한 세력으로 규정될 수밖에 없다. 그렇게 되면 "일본 제국주의가 한국을 위해 좋은 일을 했다"는 자신들의 주장이 근저에서부터 흔들릴 수밖에 없다. "일본의 식민지배가 옳았다"고 주장하려면 "그 전 단계에서부터 일본이 잘했다"고 말해야 하기 때문이다. "대한제국 단계에서부터 일본이 잘했다"고 말하려면, 그때 일본을 도운 을사오적도 변호를 해줄 수밖에 없는 것이다.

그런 이유로 낙성대경제연구소와 이승만학당은 이완용을 비롯한 을사오적을 위한 변호인단을 꾸릴 수밖에 없었다. 을사오적이 예뻐서가 아니라 일제 식민지배를 옹호하려면 부득이 그럴 수밖에 없는 것이다.

# 19

---

## 이영훈의 《아리랑》 비판은 타당한가

●

이영훈이 《반일 종족주의》 첫 장에서 거론한 문제가 있다. 바로 조정래의 소설 《아리랑》이다. 그는 《아리랑》을 신랄하게 비판한다. 구한말부터 8·15 광복까지의 항일투쟁을 다룬 이 소설을 《반일 종족주의》가 첫 번째 표적으로 삼은 것이다.

이 책의 제1부 제1장 제목은 〈황당무계 《아리랑》〉이다. 〈황당무계 《아리랑》〉에서 이영훈은 자신이 2007년에 《시대정신》이란 계간지에 논문을 실어 조정래를 비판한 사실을 거론했다. 이 논문에서 이영훈은 조정래를 "광기 어린 증오의 역사소설가"라고 규정했다. 이영훈은 자신이 작가의 정신세계를 그렇게 규정한 데는 그만한 이유가 있었다고 말한다. 작가가 일제가 한국인을 광적으로 학살하는 장면들을 소설 곳곳에서 보여줬기 때문이라는 것이다. 이영훈은 조정래의 소설이 역사적으로 실재하지 않는 터무니없는 조작임을 자신이 비판했다고 말했다.

조정래가 "광기 어린 증오의 역사소설가"라는 증거로 《반일 종족주의》가 제시한 대목이 있다. 《아리랑》 제4권 제1장 〈대지진〉 편의 끝부분이 바로 그것이다. 토지조사사업에 맞선 한민족의 대항과 이에 대한 일제의 탄압을 상징적으로 보여주는 부분이 여기서 나온다. 이영훈이 문제 삼은 《아리랑》의 한 장면은 아래와 같다. 아래 글 속의 '지주총대'는 '지주 대표'다. 일제와 같은 편인 지주총대를 폭행하고 토지조사사업에 대항한 차갑수를 헌병주재소장이 학살하는 장면이다.

> "에에 또, 지금부터 중대 사실을 공포하는 바이니 다들 똑똑히 들어라. 저기 묶여 있는 차갑수는 어제 지주총대에게 폭행을 가해 치명상을 입혔다. 그 만행은 바로 총독부가 추진하고 있는 중대 사업인 토지조사사업을 악의적으로 방해하고 교란하는 용서할 수 없는 범죄행위인 것이다. 따라서 죄인 차갑수는 경찰령에 의하여 총살형에 처한다."
> 니뽄도를 빼들고 선 주재소장의 칼칼한 외침이었다.
> (중략)
> "사겨엇 준비!" 주재소장이 니뽄도를 치켜들며 외쳤다. 네 명의 순사가 일제히 총을 겨누었다. "발사아." 총소리가 진동했다. 차서방의 몸이 불쑥 솟기는가 싶더니 이내 축 늘어졌다. 그리고 왼쪽 가슴에서 시뻘건 피가 쏟아지기 시작했다.

이영훈은 이런 끔찍한 장면이 실제 일어날 수 있겠느냐고 의문을 제기한다. 현실적으로 도저히 발생할 수 없는 상상의 장면이라는 것이다. 《반일 종족주의》에서 그는 이와 같은 즉결 총살형이 토지조사사업 당시에는 "있을 수 없는 일이었습니다"라고 하며 힘주어 말한다. 그는 당시의 신문과 잡지에서 그러한 사건이 보도된 적이 단 한 차례도 없었고, 실제로 있었다면 보도되지 않았을 리 없다고 말한다. 총독부가 그런 보도를 막았을 이유가 없다는 것이다. 그런데도 조정래가 마치 진짜 사실인양 상황을 묘사하고 있다는 것이다. 이영훈은 "(조정래가) '경찰령'을 언급하면서 즉결 총살의 법적 근거까지 제시하고 있습니다"라면서 "그렇지만 그런 법령 따위는 존재하지 않았습니다"라고 말한다.

조정래가 존재하지도 않은 경찰령을 들먹이며 일본을 야만스럽게 묘사했다는 점에 이영훈은 분개했다. 하지만 경찰령이 존재하지 않았다는 이영훈의 언급은 사실과 다르다. 실제로 일제강점 2년 전인 1908년에 경찰령은 있었다. 이토 히로부미 한국통감이 경찰범처벌령을 공포했다. 경찰령으로 약칭될 수 있는 법령이었다. 1905년 을사늑약에 따라 한국에 대한 통치권은 사실상 한국통감에게 넘어갔다. 그래서 한국통감이 경찰범처벌령을 공포했던 것이다.

경찰이 즉결처분할 수 있는 범죄들을 규정한 경찰범처벌령은 1912년 조선총독부에 의해 '경찰범처벌규칙'으로 개정되었다. 따라서 토지조사사업이 시행된 1910~1918년 기간에 한국인들의 머릿속에 경찰범처벌령이나 그 약칭으로 경찰령이 존재하는 것은 얼마든지 있을 수 있는 일이었다. 소설 《아리랑》에서처럼 경찰령이 거론되는 일이 충분히 일어날 수 있었다. 조정래가 아니라 이영훈이 사실을 잘못 전달했던 것이다.

이영훈은 《아리랑》이 있지도 않은 경찰령을 빙자해 일제의 민간인 학살을 사실처럼 묘사하는 데 분노했다. 그는 이 소설이 일본에 대한 우리 사회의 인식을 떨어트렸다고 비판한다. 근거도 없이 일제강점기를 야만의 시대로 묘사했다는 것이다. 이영훈은 조정래가 일제강점기를 법도 없는 야만의 시대로 묘사하고 있다고 비판했다. 백인 노예 사냥꾼이 아프리카 종족사회에 들어가 마구잡이로 노예사냥을 하는 그러한 야만의 장면을 일제강점기에 대입하고 있다고 분노했다. 그는 《아리랑》에 등장하는 일본인들이 다들 노예 사냥꾼 같은 악인들로 묘사되고 있다고 말한다. 수도 없이 조선 사람을 때리고 빼앗고 겁탈하고 죽이는 악한들로 묘사되고 있다는 사실에 화를 감추지 못한다.

이영훈은 《아리랑》이 한국 사회를 잘못된 방향으로 오도했으며, 바로 이런 것이 한국 민족주의의 특질이라고 주장했다. 그는 《아리랑》에서는 한국을 선진적 사회로 이끄는 가치와 이념을 발견할 수 없다고 평가한다. 그리고 앞서가는 사회에 배어 있는 미덕과 신앙을 느낄 수 없었다고 말한다. 《아리랑》에서 묘사되는 세계는 강포한 종족이 약소 종족을 무한 겁탈하고 학살하는 야만의 세계일 뿐이라고 말한다. 한국 민족주의는 그런 수준의 종족주의라고 그는 평가한다.

이영훈은 《아리랑》을 《반일 종족주의》 본문의 첫머리에 소환했다. 그가 이렇게 한 것은 한국 민족주의의 '수준'을 보여주기 위해서였던 것으로 보인다. 《아리랑》이 실재하지도 않았던 학살 장면을 진짜처럼 보여주고 반일감정을 조장하는 것처럼, 한국의 반일 민족주의가 그처럼 근거 없는 허상 위에 구축되어 있음을 보여주고자 했던 것 같다.

그는 그런 문제점이 소설가 조정래에게만 나타나는 게 아니라고 말한다. 식민지 시대를 다루는 한국의 역사학계 자체가 그런 종족주의에 기반을 두고 있다고 개탄한다. 한국인들의 정신세계에 영향을 주는 역사학 자체가 허위와 망상에 기반을 두고 있다는 것이다. 그러니 한국인들의 반일감정이 올바른 것일 리 없다는 게 그의 인식이다.

《반일 종족주의》 첫 장에 나오는 이영훈의 조정래 비판은 상당히 설득력 있게 들릴 수도 있다. 그가 인용한 《아리랑》의 총살 장면은 '정말로 저런 일이 있었을까?'라는 궁금증을 갖게 하고도 남을 만하다. 그 장면을 소개한 뒤 이영훈은 "국가권력이 사람을 죽일 때 소정의 절차에 따른 재판을 거쳐야 함은 그때나 지금이나 마찬가지입니다"라고 설명한다.

그의 설명을 들으면 '아무리 일본 제국주의라도 설마 그런 짓까지 했을까?'라는 의문이 들 수도 있다. 이런 의문이 가시지 않은 상태에서 책장을 계속 넘기다 보면, 한국 사회의 반일감정을 질타하는 이영훈의 논리를 자연스레 받아들일 가능성도 없지 않다.

하지만 틀린 쪽은 조정래가 아니라 이영훈이다. 이영훈이 틀렸다고 확신 있게 말할 수 있는 근거들이 명백히 존재하기 때문이다. 이영훈의 주장과 달리, 토지조사사업 시기에 실제로 그 같은 학살이 자행되었다. 조정래가 그저 상상만으로 그 장면을 구성한 게 아니었던 것이다.

일례로, 임호민 가톨릭관동대학교 교수의 논문 〈삼척군 원덕면 일대 임야측량 사건과 산림자원의 약탈〉에도 그런 실상이 소개되어 있다. 이 논문은 총독부 기관지인《매일신보》와 삼척군 역사서인《삼척군지》를 토대로 토지조사사업에 대한 민중의 저항을 소개하고 있다. 1913년 4월 삼척군민들이 토지조사에 불만을 품고 화장花藏이라는 일본인 측량기수를 살해하자 일본 헌병대가 출동해 진압 작전을 벌인 사실을 설명하고 있다.

역사문화학회가 2016년 발행한《지방사와 지방문화》제19권 제1호에 실린 이 논문에 따르면, 삼척군 임원리에서 군민들과 식민당국의 그 같은 충돌이 발생했다. 총독부 측이 사유림과 국유림을 구분하기 위해 측량 작업을 하고 있었다. 그런데 그들은 수목이 울창한 사유림을 부당하게 국유림으로 편입했다. 국유림이란 명분하에 산림을 차지하기 위해서였다. 그러자 "임원리 김치경 지휘로 원덕면민이 궐기하여 재측량을 요구하며 수일간 시위"가 벌어졌다고 논문은 보고한다.

군민들의 저항을 무마하기 위해 면장 김동호가 나섰다. 그는 일본인 측량기수 화장을 대동하고 민중을 설득하기 위하여 임원에 당도했다. 이때 임원 뒷산에서 사진을 촬영하는 사람이 군민들의 눈에 띄었다. 이 모습이 군중을 순간적으로 격분시켰다. 천여 명의 군민들은 측량기수를 죽이라고 외치며 들고 일어섰다. 이로 인해 화장은 목숨을 잃고 말았다. 그러자 일본 헌병대가 출동했다.

여기서 불상사가 발생했다. 이영훈한테도 불상사가 될 만한 일이었다. 그의 주장을 뒤엎는 일이 벌어졌던 것이다. 논문에서는 "일인 헌병이 출동하여 발포하니 군중은 해산되고 70여 명이 끌려가 옥고를 치르게 되었다"고 보고한다. 즉결 총살보다도 심각한 무차별 발포가 있었던 것이다.

이 사건을 다룬 또 다른 논문이 전영길·이성익의 〈토지조사사업을 통한 일제의 토지수탈 사례 연구〉다. 한국지적정보학회가 2017년 발행한 《한국지적정보학회지》 제19권 제3호에 실린 이 논문에 따르면, 그날 일본군의 발포로 한국인 3명이 죽고 여러 명이 부상을 입었다. 이 논문은 "일본 헌병 20여 명이 출동하여 무차별 발포하여 군중들이 재빠르게 해산했지만, 3명이 죽고 많은 부상자를 내는 참사"가 발생했다고 보고한다.

일제는 그것으로 그치지 않았다. 군중 시위의 뿌리를 뽑는다면서 본보기를 보여주고자 행동에 나섰다. 민중 궐기의 주동자인 김치경을 비롯해 조정원·이락서·김문식·김평서 등 70여 명을 끌고가 감옥에 가뒀다. 이들 중에서 김평서는 함흥형무소에 갔혔다가 옥사했고, 나머지 사람들은 경성형무소로 이감되어 5년간 갇혀 지냈다. 석방된 뒤에도 이들의 몸은 성치 않았다. 모진 고문으로 후유증에 시달리다 이들은 모두 다 사망하고 말았다.

이 사건은 원덕면 지도층인 유림들을 격분케 했다. 이들은 한목소리로 일본 헌병들의 간악한 만행을 맹렬히 규탄하고 비난했다. 일본은 이런 정도의 저항도 묵과하지 않았다. 이들에 대해서도 고강도의 대응 전략을 구사했다. 논문에서는 "당황한 일본 헌병대가 대규모 민중봉기로 이어질 것을 염려하여 1913년 5월 유림들의 본거지인 원덕면 산양리의 산양서원을 방화하여 건물은 모두 불에 타 없어지고 묘정비만 남게 되었"다고 전한다.

이처럼 토지조사사업에 대한 한국인들의 저항을 막기 위해 일제는 실제로 학살을 자행했다. 헌병대를 출동시켜 무차별 발포도 서슴지 않았다. 즉결 처형이라는 최소한의 형식도 갖추지 않은 경우가 많았다. 그냥 발포하는 일이 많았다.《아리랑》속의 학살 장면은 그 같은 실제 역사를 반영하고 있다.

그런데도 이영훈은 그 장면을 허구로 단정했다. 한국인들의 반일감정이 그런 허구에 기초해 있다고 맹렬히 비판했다. 잘못 수집한 사실관계를 토대로 너무 엉뚱한 결론을 도출했던 것이다.

# 20

---

## 쇠말뚝, 정말로 일본의 소행이 아닌가?

●

일본이 한국의 민족정기를 끊어놓고자 전국 곳곳에 쇠말뚝을 박아놓았다는 이야기가 있다. 김영삼 정부 때는 그런 쇠말뚝을 제거하는 작업이 대대적으로 벌어졌다. 동일한 일이 그 후에도 있었다. 일례로, 전남 해남군에서는 2012년 6월 옥매산 정상에서 특수 합금으로 된 철봉이 발견되자, 그해 8월 15일 그 쇠말뚝을 뽑아내는 지역 행사가 열렸다.

이에 대해, 이영훈을 비롯한 식민지 근대화론자들은 정색하며 반기를 들고 있다. 일제 식민지배가 한국을 이롭게 했다고 주장하는 그들은 쇠말뚝 이야기에 대해 한마디로 '어처구니없다'는 반응을 보이고 있다. 《반일 종족주의》 제2장에서 이영훈은 김영삼 정부 때인 1995년 이야기를 소환한다. 그는 당시 청와대까지 나서서 전국 주요 지점에 박힌 쇠말뚝을 뽑는 일이 벌어졌다고 말한다. 일제가 한국의 정기를 끊기 위해 박은 것이라는 이유로 한국인들이 그런 반응을 보인 것이지만, 이영훈은 그것이 중대한 착각에서 비롯된 소동이라고 말한다. 그는 "실은 인근 마을이 또는 군부대가 무슨 필요에 의해서 박은 것이었습니다"라고 주장한다. 실상은 그런데도 정부가 몇몇 풍수가들이 지어낸 주장을 근거로 그처럼 "어처구니없는 소동"을 벌이게 되었노라고 한탄한다.

쇠말뚝은 인근 마을이나 군부대가 박아 놓은 것이며, 일제가 박아났다는 것은 풍수가들이 지어낸 거짓말이라는 게 이영훈의 주장이다. 이 말을 하면서 그가 추천한 글이 있다. "이 책에 실린 김용삼의 쇠말뚝 소동에 관한 글에서 그 좋은 증거를 찾을 수 있습니다"라고 그는 추천한다. 그 글은 김용삼의 소논문인 《반일 종족주의》 제14장 〈쇠말뚝 신화의 진실〉 편이다.

김용삼은 박정희대통령기념재단 기획실장, 경기도 대변인 등을 지낸 뒤 지금은 이승만학당 교사로 활동 중이다. 2013년과 2015년에는 전경련(전국경제인연합회)에서 시장경제대상을 받기도 했다. 경기도 대변인 경력은 김문수 경기도지사 때의 일이다. 그랬던 사람이 지금은 이영훈과 함께 활동하고 있는 것이다. 김용삼의 인생 궤적이 김문수에서 이영훈으로 이어지는 것은, 이영훈과 그의 스승인 안병직 사이에 있었던 일화를 연상케 한다.

김문수와 이영훈은 서울대 70학번(1970년 입학)이다. 운동권 학생이던 두 사람은 20세 때인 1971년 10월, 서울대 교수로 재직 중이던 안병직(당시 35세)을 찾아갔다. 《대한민국 역사의 기로에 서다》에 그때 일화가 소개되어 있다. 이때 안병직의 집은 돈암동에 있었다. 자기 집을 찾아온 이영훈과 김문수를 두고 안병직은 "내가 자네들 나이였으면 노동운동을 하겠다"라고 말했다. 그 말이 이영훈의 귀에 거슬렸다. 대담 때 이영훈은 "그 말씀을 듣던 당시에는 사실, 선생님이 좀 오버하신다는 생각을 했었습니다"라고 고백했다. 20세 청년 이영훈은 안병직이 자신과 김문수를 한데 엮어 노동운동을 권유한 사실이 좀 언짢았던 모양이다.

제자의 회고를 들은 안병직은 기억이 잘 안 난다고 대답했다. 그러자 이영훈은 그런 일이 있었음을 재차 강조했다. 그에게는 그 일이 강한 인상으로 남았던 모양이다.

'선생님이 좀 오버하신다'는 생각이 들긴 했지만, 청년 이영훈은 그 뒤 실제로 페인트 공장에 들어갔다. 대학생이라는 사실을 숨기고 위장 취업을 했던 것이다. 노동운동가가 아닌가 의심하는 페인트 공장장이 시험삼아 "알파벳을 써보라"고 했다. 그러자 청년 이영훈은 P까지만 쓰고 잘 모르겠다고 하면서 더 쓰지 않았다. 그렇게 어렵사리 들어간 직장을, 한달 보름 만에 '도저히 육체노동은 못하겠다'는 생각이 들어 그만뒀던 것이다.

공장을 그만두면서 그는 다시 한번 안병직을 원망했다. '어떻게 대학 교수로 계신 분이 그런 이야기를 할 수 있나, 비록 제자이지만 한 사람의 인생이 걸린 문제인데, 그렇게 단호하게 공장에 들어가라는 말씀을 하실 수 있는가?'라고 생각했다고 이영훈은 스승의 면전에서 회고했다. 이처럼 안병직이 한데 묶어 노동운동을 권유한 김문수와 이영훈을 차례로 거쳐 지나가고 있는 인물이 바로 김용삼이다.

김용삼이 담당한《반일 종족주의》제14장은 "일제가 조선 땅에서 인물이 나는 것을 막으려고 전국 명산에 일부러 쇠말뚝을 박아 풍수 침략을 했다는 거 아닙니까?"라는 자극적인 첫 문장으로 시작한다. 그런 다음 그는 그동안 우리 사회에서 일본인들이 그런 짓을 했다는 말이 전설처럼 돌았지만, 그것은 사실이 아니라고 말한다. "모두 거짓말입니다"라는 게 그의 말이다.

1958년생인 김용삼은 37세 때인 1995년경부터 쇠말뚝 취재를 벌였다. 제14장에서 그는 당시를 회상한다. 일제가 쇠말뚝을 박았다는 이야기가 모두 가짜라는 점을 1995년 10월호《월간조선》기사〈대한민국의 국교는 풍수도참인가?〉를 통해 자신이 밝혀냈다고 말한다. 독립기념관에서 전시되던 쇠말뚝이 자신의 기사가 나간 후에 치워졌으며, 구로다 가쓰히로黒田勝弘 기자의 취재로 자신의 이야기가《산케이신문》사회면 톱기사로 보도되었다고 회고한다.

구로다 가쓰히로는 2019년 7월 5일 아침 CBS〈김현정의 뉴스쇼〉에 출연해 "일본이 박정희 정권에게 제공한 경제협력자금 3억 달러 덕분에 한국이 지금처럼 잘살게 되었다"고 주장한 인물이다. 그는《산케이신문》서울지국장으로 잘 알려진 기자다. 일제가 쇠말뚝을 박았다는 이야기는 모두 거짓이라는 김용삼의 글을 토대로 일본 우익 기자가 자국에 기사를 발송했던 것이다.

김용삼이 그렇게 확신 있게 말하는 데는 몇몇 증언과 진술이 있어서다. 쇠말뚝 3개가 발견된 충북 단양군 영춘면을 방문한 경험을 토대로 그는 글을 썼다. 그는 전 영춘면장이자 현지 주민인 우계홍 씨가 자신에게 "그것은 일제가 박은 게 아니라 해방 후에 주민들이 북벽 아래에 뱃줄을 묶기 위해 박아 놓은 것"이라고 증언했다고 소개한다.

그는 쇠말뚝 제거 작업에 참여한 전문가들의 진술도 소개한다. 쇠말뚝 제거 전문가인 '우리를 생각하는 모임'의 구윤서 회장이나 서길수 교수 등이 "전국적으로 발견된 쇠말뚝은 일제의 풍수 침략과 무관하다"고 솔직히 인정했노라고 말한다.

이렇게 증언과 진술을 토대로 '쇠말뚝은 일제와 무관하다'는 결론을 이끌어낸 뒤, 김용삼은 강원도 영월군 남면을 취재한 결과를 소개한다. 그 취재 결과가 《반일 종족주의》 제14장의 소제목 중 하나인 '주민 다수결에 의해 일제가 박은 쇠말뚝으로 결정' 밑에 나온다. 그는 자신이 현장에 가서 확인해보니, 제거된 쇠말뚝의 길이는 볼펜보다 조금 긴 정도였다고 말한다. 명당의 혈을 자르기 위해 박았다고 보기에는 크기가 너무 작았다고 한다.

그는 쇠말뚝을 박은 주체와 관련해 자신이 제보자들로부터 두 가지 설을 들었다고 말한다. 하나는 임진왜란 때 명나라 장군 이여송이 박았다는 설이고, 또 하나는 일제가 한일합방 이후에 박았다는 설이다. 두 가지 설을 소개하면서 그는 일제가 박았다는 설이 더 많았다고 정리한다. 그렇게 말하는 사람들이 더 많아서 그곳 주민들이 쇠말뚝을 제거하게 되었다고 말한다. "주민들의 다수결에 의해 '일제가 박은 쇠말뚝'으로 결정된 것입니다"라고 그는 결론을 내린다.

그가 '주민 다수결에 의해 일제가 박은 쇠말뚝으로 결정'이란 소제목을 넣은 것은 쇠말뚝에 대한 한국인들의 관념이 허술함을 보여주기 위해서인 듯하다. 이런 소제목은 한국인들의 태도를 희화화하려는 의도를 반영한 것일 수 있다. 전문가의 감정도 아니고 주민들의 거수투표를 통해 일제 쇠말뚝으로 판정된 것 같은 느낌을 주고 있다.

하지만 그가 서술한 위 인용문을 읽어보면, 사정이 달랐음을 느낄 수 있다. 주민 다수결에 의해 그런 결정이 나온 게 아니라 '일제가 박았다'고 주장하는 의견이 더 많아서 그런 결론이 나왔음을 확인할 수 있다. 절대로 희화시킬 일이 아니었던 것이다.

그런데 김용삼의 주장에는 결정적 하자가 있다. 그것은 그가 확보한 증언이나 진술이 한반도 전역에서 발견된 쇠말뚝 전체에 대한 게 아니라는 점이다. 일부 지역에서 발견된 몇몇 쇠말뚝에 대한 것일 뿐이다.

이 점을 의식했는지, 김용삼은 쇠말뚝과 일본의 관련성을 스스로 인정하는 언급을 남겼다. 제14장 후반부에서 그는 "이제 진실을 말할 때가 온 것 같습니다"라고 말한 뒤, "쇠말뚝이 박혀 있다고 제보가 들어온 지역을 조사한 결과, 측량을 위한 기점으로 활용되는 대삼각점, 소삼각점과 주민들이 쇠말뚝을 제보한 지역이 상당 부분 일치하다는 사실이 발견되었습니다"라고 말한다.

그러면서 일제강점기 때인 1938년, 21세의 나이로 조선총독부의 토지 측량에 참여한 이봉득의 증언을 소개한다. 강원도 화천군에 거주하는 이봉득은 "측량을 위해 산 정상이나 봉우리 정상 등에 설치한 대삼각점을 일제가 혈을 자르기 위해 박은 쇠말뚝으로 오해했다"고 증언했다. 이봉득의 증언을 소개하는 방법으로 김용삼은 쇠말뚝이 실은 측량용 삼각점이었다고 말한다. 일제가 측량을 목적으로 그런 것들을 박았다고 인정한 것이다.

김용삼은 쇠말뚝이 발견된 곳들이 토지조사사업 때 박아 놓은 삼각점의 위치와 상당 부분 일치한다고 말한다. 삼각점은 토지 측량을 할 때 박아 놓는 표식이다. 삼각점이라 하여 삼각형 모양으로 생기지는 않았다. 삼각 측량을 할 때 박아두는 표식이라 하여 그렇게 부를 뿐이다. 삼각 측량이란 것은 예를 들면, 정면에 놓인 나무의 높이를 직접 재지 않고 자기 발끝(제1점)과 나무 밑동(제2점)까지의 거리와, 발 끝과 나무 꼭대기(제3점)의 각도를 토대로 나무 높이를 간접적으로 재는 방법을 말한다. 세 개의 점을 연결하는 삼각이 이 계산에 활용되기 때문에 삼각 측량이라 부른다. 이런 삼각 측량을 할 때 사용된다 해서 삼각점이라 부르는 것이다.

김용삼은 전국적으로 발견되는 쇠말뚝은 일제가 민족정기 말살용이 아니라 토지 측량용으로 박아 놓은 삼각점일 가능성이 높다고 말한다. 일본에 의해 박힌 것임을 그 스스로도 인정한 것이다.

이영훈은 김용삼의 글을 읽어보라고 추천하면서 "쇠말뚝은 인근 마을이 또는 군부대가 무슨 필요에 의해서 박은 것"이었다고 말했다. 그런데 김용삼의 글에서는 그것들이 토지조사사업 때 박혔음을 인정하는 대목이 나왔다. 결국, 이영훈이 자기주장을 반박하는 글을 추천한 셈이 되는 것이다.

그런데 쇠말뚝 전문가로 자처하는 김용삼은 사안의 본질을 이해하는 데 꼭 필요한 결정적 자료는 소개하지 않거나 확인하지 않았다. 토지조사사업으로 사유지가 국유지로 넘어가는 것에 분개한 한국 농민들은 삼각점으로 박힌 쇠말뚝을 몰래 뽑아버리는 등의 방법으로 일제에 저항했다. 이런 엄연한 사실이 그의 글에는 나타나지 않는다.

그런 일이 실제 있었다는 점이 일본 헌병대의 내부 문서에서도 발견된다. 토지조사사업 중인 1914년 6월 17~21일 열린 헌병대 회의를 토대로 작성된 〈삼각점표 및 표석의 보관에 관한 건〉도 그런 문서 중 하나다. 운노 후쿠쥬海野福壽 메이지대학 교수가 2006년 국내 학술지에 기고하고, 이진호 지적박물관장이 번역한 〈한국 측도사업과 조선 민중의 저항〉이란 논문에 그 문서가 소개되어 있다. 대한지적사학회가 2006년 발행한 《측량과 지적》 제3호에 실린 이 논문에 따르면, 헌병대 문서에는 아래와 같은 내용이 적혀 있다.

근래 삼각점 점표와 표석을 훼손하는 자가 격증하였다. 즉 〈표 1〉과 같다. 1913년 중中 표석의 발굴 또는 훼손된 것 36개 소, 점표가 파손된 것 126개 소, 계 162개 소나 된다. 기타 심산유곡에 있어 감시자의 보고가 누락된 것을 합계하면, 매우 많은 수량이 웃돌 것 같다. 점표의 훼손은 폭풍·낙뢰 등으로 인한 것은 본디 적지 않지만, 고의 특히 미신에 의한 인위적 훼손으로 인한 것 역시 적지 않다고 생각한다. 표석의 훼손 같은 것은 모두 고의로 한 것이 명확하다.

한국인들은 토지조사사업을 위해 삼각점을 박아두는 일제에 저항했다. 한국인들은 "일본이 민족 정기를 말살하려고 쇠말뚝을 박고 있다"는 소문을 퍼트리며 민족적 단결을 추구했다. 그래서 심산유곡까지 몰래 들어가 표식을 훼손하고 뽑아버렸던 것이다. 1913년 한 해만 해도 그런 일이 최소 162건이나 있었다.

그런 한국인들의 행동을 일본 헌병대는 '미신에 의한 인위적 훼손'으로 보았다. 김용삼이 〈대한민국의 국교는 풍수도참인가?〉라는 기사를 통해 쇠말뚝에 관한 관념을 미신과 연결한 것처럼, 일제 식민지배자들도 한국인들의 저항을 그런 식으로 폄하했던 것이다.

일제가 토지 측량을 위해 삼각점을 박는 걸 보면서도 한국인들이 "민족정기를 말살하려고 쇠말뚝을 박고 있다"고 소문을 낸 이유를 우리는 어렵지 않게 짐작할 수 있다. 삶의 터전인 토지를 빼앗기는 상황에서 누구라도 "저놈들이 우리를 말살하려고 저런다"고 판단할 수밖에 없었을 것이다. 충분히 이해할 수 있는 일이다.

앞서 설명한 것처럼, 한 달 반 동안 페인트 공장에서 생고생을 한 위장취업생 이영훈은 "비록 제자이지만 한 사람의 인생이 걸린 문제인데, 그렇게 단호하게 공장에 들어가라는 말씀을 하실 수 있는가, 지나치게 무모한 것이 아니었나" 하며 안병직을 원망했다. 토지조사사업은 한 사람의 인생 정도가 아니라 민족 전체의 삶이 걸린 중대 사안이었다. 그로 인해 한국 민중은 땅을 빼앗기고 삶의 터전을 잃었다. 그런 한국인들이 "토지를 측량하려고 일본인들이 쇠말뚝을 박고 있다"고 정확히 말하지 않고 "우리 혼을 말살하려고 저놈들이 쇠말뚝을 박고 있다"고 말하는 것은 너무나 당연하고 이해할 만한 일이다. '인생이 걸린 문제에서' 민중이 그렇게 질박한 언어로 단결을 도모하는 것은 조금도 이상한 일이 아니다.

한민족의 땅을 빼앗기 위해 쇠말뚝을 박는 것(A)과 한민족의 정기를 말살하기 위해 쇠말뚝을 박는 것(B) 중에서 어느 쪽이 더 중하다고 말하기는 쉽지 않다. 한국 농민들은 A와 같이 객관적으로 말하지 않고, B와 같이 주관적으로 말했다. A 역시 중대 범죄이고 B 역시 중대 범죄다. 어느 쪽으로 말하든 간에 일본의 약탈성은 희석되지 않는다.

한민족은 일제 식민지배의 피해자다. 분노와 억울함이 들끓다 보면, 피해자는 자기 체험을 다소 과장되게 표현할 수도 있다. 그런 것을 갖고 피해자를 욕할 수는 없다. 피해자는 충분히 그럴 수 있기 때문이다. 피해자를 그렇게 만든 가해자를 욕하지 않고, 상황을 다소 과장하는 피해자만 비난하는 것은 납득할 수 없는 일이다.

이처럼 쇠말뚝 이야기는 이해심을 갖고 바라보면 얼마든지 납득하고도 남을 만한 일이다. 그런데도 김용삼은 "한민족은 저열하다"고 평가한다. 이영훈도 독도에 대한 한국인들의 대응을 비판하면서 "이런 저열한 정신세계로는 독도 문제에 대한 해결이 불가능하다고 생각합니다"라고 《반일 종족주의》 제13장에서 말했다. 이영훈이 사용한 '저열'이란 표현을 똑같이 써가며 김용삼은 제14장을 마무리한다. 같은 동족으로서 이렇게도 이해심이 없을 수 있나 하는 안타까움이 들게 하는 맺음말이다.

그는 "쇠말뚝 신화는 한국인들의 닫힌 세계관, 비과학성, 미신성이 역사와 함께 오랜 반일감정과 결합하여 빚어낸 저열한 정신문화를 반영하고 있습니다"라고 비판한다. 그리고 그런 정신문화를 반일 종족주의로 규정한다. 그는 경제적으로 선진국인 21세기 한국이 아직도 그런 종족주의에 갇혀 있어도 되느냐는 질문을 던진다.

# 21

# 이영훈이 이승만을 띄우는 이유

●

이영훈이 독립운동가를 존경하는 것은 어딘가 부자연스럽다. 그는 일제 식민지배 덕분에 한국이 잘살게 되었다고 주장하는 사람이다. 그렇기에, 일제 지배에 맞선 독립운동가를 비판하는 것이 그의 논리 체계에서는 합당한 일이다.

그런데 그는 독립운동 경력으로 임시정부 임시대통령도 되고 대한민국정부 대통령도 된 이승만을 존경한다. 존경하는 정도가 아니라 숭배한다고 해야 할 정도다. 이승만의 독립운동에 대해서는 논란의 여지가 많지만, 그렇다고 그를 독립운동 역사에서 배제할 수는 없다. 그가 차지하는 상징적 비중을 무시하기는 쉽지 않다. 그런 이승만을 이영훈이 숭배하는 것이다.

이영훈은 대한민국은 3·1운동이 벌어지고 임시정부가 수립된 1919년이 아니라 미군정의 지원하에 대한민국정부가 수립된 1948년에 건국되었다고 주장한다. 그는 건국절 논란의 진원지다. 이렇게 임시정부를 부정하는 이영훈이 이승만을 존경한다면, 이것은 분명히 논리에 맞지 않는 일이다. 이승만을 존경한다고 말하게 되면, 그가 대한민국정부 대통령이 된 것뿐 아니라 임시대통령이 된 것까지도 높이 평가하게 된다. 이렇게 되면 이영훈의 건국절 논리에 모순이 생길 수밖에 없다.

그런데도 이영훈은 이승만 띄우기에 열의를 보이고 있다. 경영하는 학당 이름도 '이승만 학당'이고, 운영하는 유튜브 채널도 〈이승만 TV〉다. 또 이승만을 찬미하는 글도 열심히 쓴다.《반일 종족주의》〈에필로그〉에서도 이승만 사상을 극찬했다.

《반일 종족주의》에서 이영훈이 소개한 이승만의 1904년 저서 《독립정신》은 외국과의 통상, 서양학문 공부, 외교 중시, 국가주권 중시, 도덕성 제고, 자유주의 함양의 필요성을 제기하면서, 기독교를 중심으로 나라를 새로 세울 것을 촉구한다. 이른바 '기독교 입국론'에 입각해서 국가 개조를 주장하는 책이다.

2019년 하반기에 조국 전 법무부장관 탄핵을 주장하는 광화문 집회에서 전광훈 목사는 이승만을 칭송할 때마다 기독교 입국론을 입에 담았다. 전광훈이 그렇게 한 것은 바로 이《독립정신》 때문이다. 이 책에서 이승만은 "지금 우리나라가 쓰러진 데서 일어나려 하며 썩은 데서 싹이 나고자 할진데, 이 교敎(기독교)로써 근본을 삼지 않고는 세계와 상통하여도 참 이익을 얻지 못할 것이오"라면서 "우리는 마땅히 이 교로써 만사의 근원을 삼아 각각 나의 몸을 잊어버리고 남을 위하여 일하는 자 되어 나라를 일심으로 받들어 영·미 각국과 동등하게 되게 하며, 이후 천국에 가서 다 같이 만납세다"라는 말로써 기독교 입국론을 개진했다.

이 책은 한국 기독교 역사를 살펴보는 데는 도움이 되어도, 위기에 처한 당시의 대한제국을 구하는 데는 한계가 있었다. 기독교 교인들의 정치적 장악력이 높지 않은 당시 상황에서, 기독교를 중심으로 나라를 재건하자는 주장은 현실성이 상당히 떨어졌다. 주장의 옳고 그름을 떠나 실현 가능성이 별로 없었던 것이다. 독립운동가는 사상보다는 행동을 중시해야 한다. 현실성 낮은 독립론을 개진하는 운동가는 역량을 의심받을 수밖에 없다. 기독교적 시각에서는 몰라도, 독립운동사 시각에서는 검토할 가치가 높지 않은 책이라고 볼 수 있다.

그런데도 이영훈은 이승만과 《독립정신》을 대단히 높이 평가하며 민족을 살릴 만한 물건이라고 극찬한다. 특히 이승만의 자유주의론에 상당한 의미를 부여한다. 《반일 종족주의》에서 그는 "개인 소유물을 국가가 함부로 침해해서는 안 된다"는 《독립정신》의 한 대목을 높이 칭송했다. 오늘날의 신자유주의와 상통하는 이승만의 경제적 자유주의에 커다란 의의를 부여했던 것이다. 그런 뒤 그는 자신이 《독립정신》을 읽으면서 마르틴 루터Martin Luther, 토머스 홉스Thomas Hobbes, 존 로크John Locke, 애덤 스미스, 임마누엘 칸트Immanuel Kant, 벤저민 프랭클린Benjamin Franklin 같은 위대한 인물들의 얼굴을 문득문득 발견했다고 술회한다. 이런 위대한 사상가들의 면모를 이승만에게서 발견했다는 것이다.

그러면서 그는 《독립정신》을 읽어보지 않은 사람들의 지적 능력을 의문시한다. 오늘날 한국의 정치가나 역사학자 중에서 이 책을 읽은 사람이 과연 몇이나 되겠냐고, 10명 중 1명도 안 될 거라고 말한다. 이는 《독립정신》의 지적 수준이 매우 높기 때문이라고 그는 덧붙인다. "이승만의 자유론에 대한 이해는 그들의 지력 밖이었습니다"라고 그는 말한다. 《독립정신》을 읽지 않은 게 아니라 읽을 수 없는 사람들의 지적 능력에 물음표를 붙였던 것이다.

'이승만 박사'니 '이 박사'니 했지만, 이승만은 학자나 사상가가 아니었다. 자유당 정권이 이승만 우상화 작업을 벌인 지가 벌써 70년이 다 되는데도, 아직까지 이승만 사상이라 할 만한 게 정립되지 못했다. 이는 그가 학자나 사상가보다는 정치가의 삶을 살았기 때문이다. 이승만을 사상가로 포장할 만한 재료가 별로 없었기 때문인 것이다.

이승만이 말한 자유론은 애덤 스미스 등에 의해 이미 충분히 정립된 사상이다. 이승만이 '숟가락' 하나를 얹을 여지가 없는 영역이다. 학자나 사상가도 아니니 더욱 그럴 수밖에 없다. 게다가 《독립정신》을 집필할 당시 그는 29세였다. 이 나이에도 위대한 사상을 이룰 수는 있겠지만, 그가 그럴 만한 인물이었다면 일찌감치 그 길로 접어들었을 것이다.

이런 점들을 고려할 때, 이영훈이 이승만의 사상을 높이 띄우는 것은 그다지 자연스럽지 않다. 박근혜 석방을 촉구하는 친박 집회에서 이승만·박정희·박근혜 3위에 대한 경례 혹은 묵념이 거행되는 것만큼이나 꽤 어색한 일이다.

이승만의 독립운동은 이영훈의 식민지 근대화론과 충돌한다. 또한 이승만의 임시대통령 경력은 이영훈의 건국절 논리와 맞부딪힌다. 그리고 이승만의《독립정신》은 이영훈이 평가하는 것만큼 대단한 책도 아니다. 그런데도 이영훈이 이승만을 한껏 띄우고 있으니, 그것이 다분히 전략적일 가능성에 유의하지 않을 수 없다. 어떤 동기가 있어서 그렇게 하고 있을 수 있다고 판단할 수 밖에 없는 것이다.

1945년 8·15해방으로 몰락할 뻔했던 친일세력은 결국 목숨을 부지했다. 그 정도에 그치지 않고 그들은 그 후로도 계속 권세를 유지했다. 첫째는 미군정 덕분이고, 둘째는 이승만 정권 덕분이었다. 이승만은 공산주의를 막겠다는 빌미로 반민특위를 탄압하고 친일청산을 저지했다. 1948년 8월 27일 친일청산 반대자들이 국회 방청석에 나타나 "국회에서 친일파를 엄단하라고 주장하는 자들은 빨갱이"라는 전단을 뿌려 국민적 주목을 끈 데서도 나타나듯이, 해방정국하의 보수파들은 '친일청산=빨갱이'라는 등식을 내세우며 국민들의 친일청산 열망에 제동을 걸었다. 그 선두에 이승만이 있었다.

해방정국에서 나타난 좌우 대결의 본질 중 하나가 친일청산 문제였다는 점은 식민지 근대화론자들도 잘 인식하고 있다. 대담집인《대한민국 역사의 기로에 서다》에서 안병직이 "친일파 문제는 처음부터 좌·우익 간의 첨예한 대립점의 하나였습니다"라고 말한 데 대해 이영훈은 아무런 이의를 제기하지 않았다. 안병직의 말을 그대로 수용한 것이다. 좌파에 맞선 이승만의 행동이 친일청산 저지라는 측면도 띠었음을 식민지 근대화론자들도 잘 알고 있는 것이다.

이승만의 친일청산 저지는 단순히 친일 보수파들의 입지를 온존시키는 차원에 그치지 않고, 식민지배의 유산이 해방 뒤에 그대로 온존되도록 만드는 데도 기여했다. 식민지 근대화론자들이 한국을 잘살게 만들었다고 주장하는 그 식민지 유산이 이승만에 의해 그대로 보존된 것이다. 독립운동가 및 임시대통령이라는 '결격 사유'에도 불구하고 식민지 근대화론자들이 이승만을 띄울 만한 이유가 이것으로도 충분한 것이다.

그런데 이승만은 일제강점 이전에 대한제국과 안 좋은 인연을 갖고 있었다. 그는 새로운 정치체제를 추구하는 독립협회 활동을 하다가 종신형을 선고받고 1899년부터 5년간 옥살이를 했다. 종신형을 받았는데도 5년 만에 석방된 것은 일본 공사 하야시의 조력 때문이었다. 이 같은 이승만의 행적을 근거로, 이영훈은 2019년에 《제도와 경제》 제13권 제2호에 실린 〈이승만의 정치·경제사상〉이란 논문에서 자기 이론을 합리화하는 도구로 사용했다.

이 논문에서 이영훈은, 이승만이 볼 때 대한제국은 패망이 임박한 나라였다고 말한다. 숨이 막히고 기운이 끊어져 거의 죽어가는 환자와 다를 바 없었다고 말한다. 이영훈은 이승만이 감옥 안에서 많은 죽음을 보았다고 말한다. 혁명 동지가 무딘 칼날을 세 차례나 받고 목이 잘리는 장면도 봤고, 잡범들이 팔다리를 꺾이고 기절한 채 목이 졸려 죽는 장면도 봤고, 콜레라가 감옥 안에 번져 무려 40명의 목숨을 앗아가는 장면도 보았다고 말한다. 그런 죽음을 보면서 이승만이 대한제국의 사망이 임박했음을 절감했다고 이영훈은 말한다. 이승만이 볼 때 대한제국은 자유와 독립의 생명 기운이 거의 소진해서 살았는지 죽었는지 알 수 없는 몽롱한 국가였다는 것이다.

이승만이 대한제국에 저항하다가 투옥된 뒤 감옥에서 목격한 처참한 광경들을, 이영훈은 대한제국 몰락의 징조로 해석했다. 이영훈이 볼 때, 이승만은 대한제국에 맞서 투쟁한 인물이자 대한제국 몰락의 징조를 목격한 인물이다. 이와 같은 이승만의 모습은 일본 제국주의 입장에서 볼 때는 대한제국 멸망의 당위성을 입증하는 자료가 될 수도 있다. 무능하고 부패한 대한제국으로부터 일본 제국주의가 한국인들을 구원했다는 논리를 펴는 데 이용될 수도 있는 자료인 것이다.

이처럼 식민지 근대화론자들의 입장에서 볼 때, 이승만은 일본의 한국 지배를 합리화하는 데 도움이 될 만한 요소들을 갖고 있다. 일제강점 이전 그의 행보는 일본의 대한제국 강점을 합리화시키고, 일제강점 이후 그의 행보는 식민잔재 및 친일파를 온존시켰다. 이만하면 임시대통령 및 독립운동가 경력에도 이영훈이 그를 한껏 띄울 충분한 이유가 되지 않을까.

# 22

# 《반일 종족주의》에 환호하는 일본 언론과 극우파들

●

《반일 종족주의》가 일본에서도 상당한 인기를 끌고 있다. 이 책의
일본어판은 2019년 7월 10일 공식 발행된 한국어판보다 넉 달 뒤
인 11월 14일 발행되었다. 일본인들이 책도 많이 구입하고, 언론
도 비중 있게 다루고 있다.

한국어판은 공식 발행 1개월 뒤인 8월 10일에 교보문고에서 종
합 1위, 다음 날인 11일에 예스24에서 종합 1위를 기록했다. 일본
에서는 반응이 훨씬 빨랐다. 책이 공식 발행일보다 일찍 시판된다
는 점을 감안해도 그렇다.

일본어판은 발행 당일인 11월 14일부터 인터넷 서점인 아마존
저팬에서 도서부문 판매 1위에 올랐다. 11월 29일 현재도 여전히
1위다. 사전예약 판매가 활발했던 데다가 대표저자인 이영훈 전

서울대학교 교수의 언론 인터뷰가 관심을 끈 결과라고 할 수 있다.

책 제목은 한국어판과 일본어판이 약간 다르다. 주 제목은 똑같이 '반일 종족주의'이지만, 부제목은 한국어판이 '대한민국 위기의 근원'인 데 비해 일본어판은 '일·한 위기의 근원'이다. 반일 종족주의로 표현된 한국인의 반일 감정이 한국어판에서는 대한민국 위기의 근원으로 지칭된 것과 달리, 일본어판에서는 한일관계 위기의 근원으로 지목된 것이다. 한일관계가 악화되는 근본 원인이 식민지배에 대한 일본의 무책임한 태도에 있다는 점을 도외시한 부제목이라 할 수 있다.

한국 언론과 마찬가지로 일본 언론의 반응도 대단한 편이다. 단, 차이가 있다. 한국 언론에서는 부정적인 보도가 주류를 이루는 데 반해 일본 언론에서는 그렇지 않다. 《반일 종족주의》가 한국 내 반일감정에 이의를 제기하고 있다는 점을 부각해 보도하고 있다. 특히 극우파 언론들은 찬양 일색이라 해도 좋을 정도의 격한 반응을 보이고 있다.

대표적인 극우 신문인 《산케이신문》에 '가와무라 나오야의 시사론河村直哉の時事論'을 연재하는 가와무라는 대표 저자인 이영훈 교수에게 대단한 경의를 표시했다. 《반일 종족주의》를 읽으면서 "한 줄기 광명을 봤다"고까지 소감을 피력했다. 11월 19일자 기사인 〈반일종족주의에 경의를 표하고 싶다反日種族主義, 敬意を表したい〉에서 그는 다음과 같은 문장으로 서두를 시작했다.

패 긴 장문의 기사를 통해 이영훈 교수를 극찬한 가와무라는 이영훈을 양식 있는 지식인으로 극찬했다. 그런 지식인의 목소리가 한국에서 높아지고 있어 다행이라는 인식을 표시했다.

가와무라는 자신이 그간 '가와무라 나오야의 시사론' 코너에서 강조했던 것을 상기시키면서 "필자는 이 코너에서 한국의 양식 있는 보수파가 목소리를 높였으면 좋겠다고 글을 써왔다"고 말했다. 이영훈 교수의《반일 종족주의》가 베스트셀러가 된 것을 보니, 그같은 소망이 머지않아 이루어질 것 같다는 느낌을 받았다는 것이다. 그는 한국에서 새로운 가능성을 봤다면서 다음과 같이 전망했다.

> 보수든 아니든 간에 한국에서 반일사관反日史觀의 재검토가 진전되고 확산을 보이려 하고 있다. 시간이 걸릴지도 모른다. 그러나 일한 관계의 회복이 가능하다고 한다면, 이것이 커다란 단서가 될 것이다.

앞으로 한일관계가 회복된다고 하면, 그것은 이영훈과《반일 종족주의》에 힘입은 결과일 것이라는 언급이다. 물론 한국에서는 이영훈 유의 인식이 국민의 호응을 얻을 리 없다. 가와무라의 전망은 그런 유의 인식이 한국 여론을 바꾼다는 전제하에서 한일관계가 회복되기를 바라는 일본 극우파의 희망을 드러내는 것일 뿐이다. 일본이 바뀌지 않고 한국이 바뀌는 전제로 한일관계가 원상복구되기를 원하는 그들의 인식을 표출하는 기사라 할 수 있다.

이처럼 이영훈과《반일 종족주의》를 직접적으로 칭송하는 것 외에, 이영훈의 목소리를 직접 전달해주는 방법으로도 일본 극우파는 그와 그의 책에 지지를 표시하고 있다. 극우파 잡지인《보이스 Voice》12월호에 실린 이영훈 교수와 홍현《통일일보》고문의 대담 기사를 그 예로 들 수 있다.

《통일일보》는 1959년 1월 도쿄에서《조선신문》이란 이름으로 창간됐으며, 그해 11월《통일조선신문》으로 개칭됐다가 1973년 9월《통일일보》로 개칭되면서 주5일 일간으로 발행되었다. 1998년부터는 주간지로 발행되고 있다. 홍현 고문은 1948년 서울에서 출생해 육군사관학교 졸업 뒤 국방부·외교통상부에서 근무했으며 주일한국공사를 역임했다. 퇴직 뒤 와세다대학교 객원연구원을 거쳐 지금은 평론가로 활동하고 있다.

《보이스》는 이영훈과 홍현의 대담 기사를 통해 문재인 정부의 대일정책을 비판하는 한편, 이영훈의 대일 인식을 바람직한 한일관계의 준거로 치켜세웠다. 이런 기사를 통해 아베 신조 정권의 한국 정책에 정당성을 실어주려는 것이다. 대담을 소개하는 부분에서《보이스》편집자는 이렇게 썼다.

문재인 정권의 관제 반일정책에도 불구하고 한국에서 베스트셀러가 된 이영훈 씨(전 서울대학교 교수, 낙성대경제연구소 소장)의 편저작《반일 종족주의》. 과거에 집착해서 배상청구를 되풀이하는 정신의 부패는 어째서 끝나지 않는 것인가? 한국을 대표하는 지식인 2인이 문제의 근본을 바로잡는다.

《보이스》편집자는 아직 시작되지도 않은 배상 문제를 다 끝났다고 말한 뒤, 배상청구를 하는 한국인들을 겨냥해 '정신의 부패'를 거론했다. 그런 정신 부패의 원인을 이영훈과의 대담에서 알게 될 것이라고 한 것이다.

한국인의 정신세계가 부패해 있다는 인식은《보이스》편집자 같은 일본 극우파에게서만 나온 게 아니다. 이영훈 교수 또한 그런 말을 많이 하고 있다.《반일 종족주의》제13장 끝부분에서 그는 한국인의 정신세계를 "저열한 정신세계"로 폄하했다. 제23장에서는 "무한히 나약하고 비열한 존재로 스스로 추락하는 정신세계가 다름 아닌 반일 종족주의"라고 비판했다.

이런 유의 문장은 이 책의 공동저자들에서도 자주 드러난다. 일본을 광풍으로 몰아넣고 있는 혐한嫌韓을 정신세계 측면에서 이론적으로 뒷받침해주는 책이라고 할 수 있을 것이다.

한국인의 정신세계를 혐오하는 이영훈 교수의 인식이《보이스》 대담에서도 나타났다. 그는 한국인들이 위안부나 강제징용 피해를 근거로 손해배상을 받아내려고 하는 것이나 민주화 운동가들이 한국 정부로부터 배상을 받아내려는 것은 다 똑같이 저급한 물질주의 문화에 기인한 것이라고 비판했다. 저급한 물질주의가 한국인의 정신세계를 타락시키고 있다는 것이다.

대담에서 그는 "몇 사람인지는 모르겠지만, 국가예산으로 보상을 받고 나아가 공무원시험의 우대나 각종 특혜를 받고 있습니다. 이러한 저급한 물질주의도 반일 종족주의의 신학으로 비판하고 싶습니다만, 너무나 커다란 과제입니다. 어떠한 명분으로도 민주화 운동가들이 그들의 후손에게까지 특권을 물려주는 것이 허용되어서는 안 됩니다. 청구권 문제 같은 것은 모두 다 양심의 마비에서 오는 것이라고 생각합니다"라고 말했다. 한국인들의 배상 청구가 양심의 마비에서 비롯되었다고 한 것이다. 위안부 피해자 할머니들이나 강제징용 피해자들은 배상금보다 사과가 먼저라며 사과부터 요구하고 있지만, 이영훈 교수는 그들의 진짜 목적이 사과를 받는 데 있지 않다고 일본인들한테 귀띔해주고 있다.

이렇게 한국인 학자가 "식민지배 배상 청구는 양심의 미비에서 오는 것"이라고 비판하고 있으니, 안 그래도 배상할 마음이 없는 일본 정부나 기업에는 반가운 일이 아닐 수 없을 것이다. 일본 극우파가 이영훈과《반일 종족주의》의 저자들을 "양식 있는 한국인"으로 치켜세울 수밖에 없는 이유다. 그러므로 일본 정부와 극우파의 귀를 즐겁게 해주는 한국인들이라고 평가하지 않을 수 없다.

# 23

---

## 신채호의 〈꿈하늘〉을 김일성과 연결시킨 '그들만의' 논리

●

이영훈 등이 공저한《반일 종족주의》는 독립운동가들에 대한 직접적인 비판을 삼간다. 이들에 대한 언급을 하기는 하되, 노골적인 공격은 자제하는 편이다.

일례로, 김용삼 전《조선일보》기자가 쓴 제15장 〈구 총독부 청사의 해체〉 편은 조선총독부 건물을 철거한 김영삼 정부의 '역사 바로세우기'를 비판하는 대목에서 "상하이 임정 요인 유해를 봉환했고, 공산주의 계열 독립운동가도 국가유공자로 지정했습니다"라고 말한다. 독립유공자들 속에 공산주의자들이 끼어 있음을 은근히 부각하는 소극적 비판을 하는 데 그친 것이다.

《반일 종족주의》의 논리대로라면, 독립운동가들은 항일운동, 아니 반일 종족주의의 최일선에 섰던 인물들이다. 한국을 잘살게 만드는 일본 식민지배를 몸으로 거부한 이들이다. 이 책의 논리에 입각한다면, 이들은 비판받아 마땅한 사람들이다.

하지만 여섯 명의 저자들은 이완용을 비롯한 을사오적은 변호하면서도, 독립운동가들에 대해서는 신중한 태도를 취한다. 일본 식민지배가 한국을 좋게 만들었다고 말하면서도, 독립운동가들이 쓸데없는 일을 했다고는 말하지 않는다. 한국 사회의 분위기를 감안한 태도라고 볼 수 있다.

그런데《반일 종족주의》에서 실명까지 거론되면서 비판을 받는 독립운동가이자 역사학자인 인물이 있다. "역사는 아我와 비아非我의 투쟁"이란 명제로 유명한《조선상고사》의 저자, 단재 신채호가 바로 그 주인공이다.

이 책의 제20장은 이영훈이 담당한〈반일 종족주의의 신학〉편이다. 한국 민족주의를 형성하는 사상적 원류들을 분석하는 부분이다. 제20장의 일곱 번째 소제목은 '신채호의 꿈하늘'이다. 신채호가 쓴〈꿈하늘〉이란 소설을 근거로 한국 민족주의에 대한 이영훈의 비판이 여기서 개진된다.

서양 학문의 영향을 받아 역사학과 문학을 엄밀히 구분하는 오늘날과 달리, 조선시대까지만 해도 두 분야는 명확히 나뉘지 않았다. 선비 한 사람이 문학·사학·철학을 두루 섭렵하는 일이 상당히 흔했다. 하나의 현상을 이해하기 위해 문학적 상상력도 동원하고 역사학적 실증도 하고 철학적 사유도 하는 일이 그리 이상하지 않았던 것이다.

신채호가 역사소설을 쓴 것은 전업 작가가 되기 위해서가 아니었다. 단편적인 정보밖에 제공되지 않는 역사 기록만으로는 인물이나 사건을 전체적으로 이해하기 힘들어서 역사소설까지 손을 댔던 것으로 보인다.

일례로, 그가 쓴 〈을지문덕전〉이란 소설은 역사 기록으로 채울 수 없는 빈 공간에 대해서만 상상력을 발휘하는 식으로 스토리가 전개된다. 사료의 간극을 메우고자 소설을 쓰게 됐으리라고 추론케 하는 부분이다.

하지만 〈꿈하늘〉은 다르다. 역사 기록의 간극을 메우기 위한 작품이 아니다. 단재신채호선생기념사업회에서 펴낸 《단재 신채호 전집》 하권에 실려 있는 이 소설은 50쪽 분량의 단편이다. 이 책에서는 신채호 자신의 역사의식이 형성되는 과정이 신비한 분위기 속에서 서술된다. 꿈속의 신비한 분위기 속에서 역사 속 인물들과 대화하는 방식으로 역사의식을 키워가는 신채호의 모습을 볼 수 있다.

《반일 종족주의》 제20장에서 이영훈은 "이는 신채호가 민족주의자로 변신하는 과정을, 그 내면의 변화 과정을 서술한 자전적 소설"이라고 했다. 하지만 이 책은 민족주의보다는 역사의식의 성장 과정을 다룬 작품에 가깝다. 역사의식과 민족의식이 명확히 구분되지 않을 수도 있지만, 소설 속의 신채호는 을지문덕·강감찬 등과의 대화를 통해 민족주의가 아닌 역사 인식의 폭을 넓혀간다.

신채호를 민족주의 역사학자로 부르기도 하지만, 이는 그가 민족지상주의자나 국수주의자임을 뜻하지 않는다. 일제 식민사관을 추종하는 역사학자가 아니라는 의미일 뿐이다. 사실, 그는 동족에 대한 애착을 갖고 독립운동을 했던 것은 사실이지만, 민족주의자로 보기 힘든 사람이다.

무정부주의 독립운동을 펼친 약산 김원봉의 사상 형성에 결정적 영향을 준 인물 중 하나가 바로 신채호다. 1923년 1월 김원봉을 위해 〈조선혁명선언〉이라는 의열단 선언문을 써준 이가 바로 신채호다. 이 선언에서 신채호는 항일투쟁을 왜 해야 하는지를 다음과 같이 요약했다.

> 제1은 이족(이민족) 통치를 파괴하자 함이다.
> 제2는 특권계급을 파괴하자 함이다.
> 제3은 경제적 약탈제도를 파괴하자 함이다.
> 제4는 사회적 불평균을 파괴하자 함이다.
> 제5는 노예적 문화사상을 파괴하자 함이다.

이민족 통치를 거부했다는 점에서는 민족주의자라 할 수 있지만, 그의 민족주의는 어느 민족이든 이민족의 지배를 받지 말아야 한다는 일종의 민족 평등주의였다. 그는 민중에 대한 착취에 기반하는 기존의 정부를 없애고 새로운 정치 시스템을 만들기 위해 독립운동에 뛰어들었다. 신분제 사회인 조선왕조를 복구하기 위해서가 아니라 평등한 민중의 나라를 세우기 위해 제국주의에 맞서 싸웠던 것이다. 일반적 의미의 민족주의자는 분명히 아니었다.

그렇지만 이영훈은 신채호가 일반적 의미의 민족주의자라는 전제하에, 〈꿈하늘〉에 나오는 대화를 근거로 한국 민족주의의 문제점을 끄집어내고 있다. 그가 뽑아낸 것은 소설 속 을지문덕 장군이 말한 "육계(肉界)의 승자는 영계에서도 승자이고, 육계의 패자는 영계에서도 패자"라는 부분이다.

현세의 승패나 지위가 내세에도 영향을 미친다는 이 말을 근거로 이영훈은 《반일 종족주의》에서 신채호가 발견한 민족은 을지문덕·강감찬·이순신 같은 위인들의 혼백으로 짜인 것과 다를 바 없다고 폄하했다. 전쟁에서 패하거나 도주한 사람은 죽어서도 패자이므로 신채호가 말한 민족의 성원에 포함되지 않는다고 그는 임의로 해석했다. 신채호의 입장에서 볼 때 그들은 '똥물에 튀겨 버려질 존재'에 불과하다는 게 그의 주장이다. 종놈은 죽어서도 종놈이므로 신성한 민족의 반열에 끼지 못하는 게 신채호가 말하는 민족이라고 주장한다. 이처럼 20세기 들어 한국인들이 발견한 민족은 신분성을 갖고 있으며, 그것은 서민적 신분성이 아니라 귀족적인 신분성이라는 게 이영훈의 주장이다.

육계의 승패가 영계의 승패에도 영향을 준다는 〈꿈하늘〉 속 을지문덕의 말을 근거로, 이영훈은 한국 민족주의는 신분 차별을 전제로 한 민족주의라고 규정한다. 그런 다음, 이것을 전통적인 무속 문화와 연결시킨다. 부모의 혼령이 이승을 벗어나지 못한 채 자식 곁을 맴돌면서 복을 주기도 하고 화를 내리기도 한다는 샤머니즘적 내세관을 끌어들인다. 죽어서도 현세를 벗어나지 못한다는 이런 내세관이 신채호의 사상에 영향을 주고 이것이 〈꿈하늘〉에 반영되었을 것이라고 이영훈은 추론한다.

하지만, 〈꿈하늘〉의 문맥을 살펴보면, 을지문덕의 말이 신분 차별을 합리화할 목적에서 나온 게 아님을 알 수 있다. 이 점은 을지문덕의 말을 정리하는 다음과 같은 소설 구절에서 잘 드러난다.

옳다, 옳다. 을지문덕의 말이 참 옳다. 육계나 영계나 모두 승리자의 판이니, 천당이란 것은 오직 주먹 큰 자가 차지하는 집이요, 주먹이 약하면 지옥으로 쫓기어 가느니라.

신분 차별을 합리화하는 소설이라면, "천당은 주먹 큰 자가 차지하는 집"이라는 식의 부정적 뉘앙스를 쓰지 않았을 것이다. 이런 뉘앙스에서 느낄 수 있듯이, 을지문덕의 말은 신분 차별을 합리화하는 말이 아니었다. 강자가 약자를 착취하고 억압하는 현실을 지적하면서 민족 독립을 찾으려면 투쟁적으로 싸워야 한다는 메시지를 담은 말이었다.

《조선혁명선언》에서도 표현됐듯이, 신채호는 신분 차별에 맞서 싸우는 투사였다. 그런 사람이 신분 차별을 합리화할 목적으로 〈꿈하늘〉을 썼다고 보기는 어렵다. 그렇지만 이영훈은 무속적 내세관 및 신분 차별적 세계관과 신채호의 〈꿈하늘〉을 연관시킨 뒤, 이를 근거로 한국 민족주의의 수준을 평가한다. 한국 민족주의를 그의 표현으로 바꾸면 반일 종족주의다.

그는 "서유럽에서 생겨난 민족은 왕과 귀족의 횡포에 저항하는 자유시민의 공동체였습니다"라면서 "그와 달리 한국의 민족은 일반 민서民庶(민중)와 분리된, 그 위에 군림하는 독재주의나 전체주의입니다"라고 주장한다. 소설 속 대사를 근거로 한국 민족주의와 신채호 사상이 독재나 전체주의를 지향하고 있다고 결론을 내린다. 그런 뒤, 이영훈은 "그것이 순수 형태로 완성된 것이 다름 아니라 오늘날 북한 세습왕조 체제의 김일성 민족입니다. 북한은 1998년 헌법을 개정하여 '위대한 수령 김일성 동지는 민족의 태양이시며 조국통일의 구성構成이시다'라고 선포하였습니다. 이후 북한에서 민족은 김일성 민족으로 바뀌었습니다"라고 결론짓는다.

김일성 사후에 북한은 김일성을 '영원한 주석'으로 격상시키는 동시에 민족의 태양 및 구원자로 칭송했다. 김일성이 생전에 누렸던 지위를 사후에도 계속 향유하는 이 모습을, 이영훈은 신채호의 〈꿈하늘〉에서 을지문덕이 했던 말, "육계에서 승자이면 영계에서도 승자"라는 대목과 연결시킨 것이다. 이렇게 샤머니즘→신채호→김일성이라는 이상한 공식이 등장한다.

대표적인 독립운동가 중 하나인 신채호를 샤머니즘과 김일성주의의 중간에 끼워 넣는 이 같은 접근법은 한국 민족주의를 샤머니즘 및 김일성주의와 연관시키는 한편, 독립운동가들을 색깔론으로 묶어 비판할 근거를 마련하는 다중의 효과를 의도한 것이라고도 볼 수 있다.

민중의 관점에서 전개되는 지금의 한국 민족주의를 부정하고자, 이를 북한과도 연관시키고, 전통 사상과도 연관시켜보는 뉴라이트 일부의 고심을 엿볼 수 있는 대목이라 할 수 있다. 그런 고심의 결과로, 신채호가 '선택(?)'을 받아 《반일 종족주의》에서 실명비판을 받게 된 것이다.

# 《반일 종족주의》에 대한 대응은 신념을 필요로 한다

●

《반일 종족주의》출간은 단순히 한국 뉴라이트의 일탈만을 뜻하지 않는다. 이것은 동아시아 역사의 진보에 찬물을 끼얹고자 하는 아베 신조 및 극우세력의 움직임과 연동되는 현상이다. 그래서 《반일 종족주의》에 대한 한국 사회의 대응에는 특별한 신념이 요구될 수밖에 없다.

　《반일 종족주의》가 일본 극우와 연동되고 있다는 점은 이 책에서 위안부 문제를 비중 있게 다루고 있다는 점에서도 잘 드러난다. 아베 정권의 목표 중 하나는 1993년 고노 담화 발표 이전으로 위안부 문제를 후퇴시키는 것이다. 고노 담화에서는 "위안소의 설치, 관리 및 위안부의 이송에 관해서는 옛 일본군이 직접 또는 간접적으로 관여했다"고 함으로써 일본군의 개입을 인정했다. 더 나아가

"그 모집·이송·관리 등도 감언·강압에 의하는 등 대체로 본인들의 의사에 반해 행해졌다"고 함으로써 강제연행 사실까지 시인했다. 또 "위안소에서의 생활은 강제적인 상황하의 참혹한 것이었다"고 함으로써, 위안부들이 성노예처럼 취급됐을 가능성도 간접적으로나마 인정했다.

그런데 아베 정권은 '강제연행' 부분을 어떻게든 부정하려 애쓰고 있다. 1945년 패망 이전 대일본제국의 영광을 회복하고자 하는 아베 정권의 입장에서, 강제연행은 절대 인정할 수 없는 부분이다. 일본의 부정적 이미지를 탈피하고 군사대국화를 추진하자면 '전범' 꼬리표부터 떼지 않으면 안 된다. 강제연행을 인정하면, 꼬리표 떼는 일이 한층 더 요원해질 수밖에 없다.

그래서 그들은 '강제연행' 부분은 부정하고 '일본군 개입' 부분만 인정한다. 군의 개입을 인정한다고 강제연행까지 자동으로 인정되는 것은 아니다. 국가가 존속하는 한, 군대는 합법 조직으로 인정된다. 군대의 행위는 반증이 없는 한 합법행위로 간주 또는 추정된다. 그래서 아베 정권은 고노 담화 중 '옛 일본군의 직간접적 관여' 부분까지는 부정하려 하지 않는다. 굳이 그렇게 할 필요성이 없기 때문이다.

아베 정권은 '강제연행'에 더해, '성노예' 부분도 부정하고자 한다. 위안부가 성노예였다는 사실을 감추려 하는 것이다. 군국주의 시절 일본은 동양의 문명국을 자처했다. 조선을 강점하고 중국을 침략할 때도 그것이 침략 명분 중 하나였다. 문명국 일본을 중심으로 동양이 똘똘 뭉쳐야 백인들의 침략에 대처할 수 있다는 게 그들의 논리였다. 그런 문명국이 전근대적 노예제를 운영했다는 사실이 공인되면, 그것도 여성들을 동원해 그렇게 했다는 사실이 공인되면, 일본의 전범국가 이미지는 더욱 짙어질 수밖에 없었다. 이렇게 되면 극우세력의 단결과 영향력이 떨어질 수밖에 없다. 군사대국화 추진의 동력이 약해지는 것이다. 그래서 '강제연행'과 더불어 '성노예'도 어떻게든 부정하려 하는 것이다.

그 같은 아베 정권의 접근법이 《반일 종족주의》에 고스란히 나타나고 있다. 이 책은 위안부가 전쟁에 동원됐다는 점을 인정하기는 하지만, 어디까지나 자발적 참여였을 뿐이라고 주장한다. 또 위안부들은 억압과 착취를 당하는 성노예가 아니라, 일본군과 교제하고 쇼핑까지 즐기는 자유인이었다고도 주장한다. 아베 정권이 하고 싶은 말을 한국어로 대신 해주고 있는 것이다.

이는 《반일 종족주의》에 대한 대응이 단순히 뉴라이트에 대한 대응이 아님을 의미한다. 제국주의적 식민지배를 미화하고 이를 기반으로 기득권을 사수하려는 동아시아 보수세력에 대한 대응의 의미를 띠는 일이다.

1945년에 일제는 패망했지만, 일본의 기득권 세력은 살아남았다. 중국공산당에 대항할 목적으로 미국이 일본을 동맹국으로 격상시켰기 때문이다. 그래서 일본 보수세력은 생명력을 유지할 수 있었다. 한국에서도 비슷한 상황이 벌어졌다. 그때부터 미국의 비호 속에 한·일 양쪽을 지배해온 세력이 살아남고자 벌이는 일이 바로 과거사 미화와 역사청산 방해다. 이런 움직임을 반영하는 것 중 하나가 《반일 종족주의》의 출간이다. 따라서 《반일 종족주의》

에 대한 대응은 한국 뉴라이트에 대한 대응을 넘어 동아시아 보수 세력에 대한 대응의 의미를 갖게 되는 것이다.

그런데 그 대응은 좀더 가열차야 한다. 왜냐하면, 우리 눈앞에 있는 동아시아 극우세력이 과거의 극우와 다르기 때문이다. 이 점은 아베 신조의 태도에서 잘 드러난다.

아베 정권(2006~07년, 2012년~ 현재)이 출범하기 전에도, 고노 담화를 부정하기 위한 노력은 있었다. 하지만, 아베 정권은 아주 노골적으로 부정한다는 점뿐 아니라 또 다른 점에서도 이전 정권들과 차별성을 보이고 있다. 그것은 미국과의 마찰까지 불사하고 있다는 점이다.

아베 내각의 경제 보복으로 한일관계가 악화되던 2019년 8월 22일과 23일, 《아사히신문》의 시사·교양 사이트인 〈론자論座〉에 전 뉴욕주립대 교수이자 평론가 겸 사회운동가인 무토 이치요武藤 一羊(1931년생)가 이틀 연속 글을 기고했다. 〈어째서 아베 정권은 대한 강경조치로 독주하는가?なぜ安倍政權は對韓強硬措置に独走するのか〉라는 기고문에서 무토 이치요는 아베 정권의 대한 및 대미 관계에서 나타나는 미세한 변화를 언급했다.

무토는 "많은 경우, 일본의 아시아 정책은 대미정책의 일부였다"면서 역대 일본 정부의 대한관계 역시 대미관계의 관점에서 운영됐다고 한 뒤, 이 양상이 아베 정권 들어 변하고 있다고 설명했다. 그는 "(아베 정권이) 아메리카의 전략이나 의사와 무관하게 자기 책임으로 이웃나라를 상대로 보복이라는 중대 조치를 단행하고 있다"고 진단했다. 한일관계를 악화시키면 결과적으로 한·미·일 삼각동맹이 약해질 수밖에 없는데도, 아베 정권이 한국을 상대로 경제보복을 가하고 있으니 아베 신조를 심상치 않게 볼 수밖에 없는 것이다.

한국이 경제보복에 맞서 한일군사정보보호협정(지소미아)을 종결시킬 듯이 하는데도 아베는 꿈쩍도 하지 않았다. 지소미아는 일본의 군사 이익에도 기여하지만 무엇보다 미국의 인도·태평양 전략에 부합한다. 인도양과 태평양을 향한 중국의 팽창을 저지할 목적으로 중국 코앞에 있는 한국과 일본의 군사적 결속력을 높이기 위한 것이다. 그런 것을 한국이 파기시킬 듯이 하는데도 아베는 미동도 하지 않았다. 그해 11월 22일, 한국이 지소미아 파기를 철회하는 선에서 이 문제는 일단락됐다. 예전 같으면 미국의 이익이 침해되지 않도록 먼저 발 벗고 나섰을 일본이다. 그런 일본이 지소미아 파동 때는 끝끝내 움직이지 않았다. 아베 신조가 트럼프 딸인 이방카의 생일까지 챙겨주며 극진한 모습을 보이고 있지만, 실상은 뼛속 깊이 친미파가 아닐 수도 있음을 보여주는 징표라고 할 수 있다.

아베 정권이 한미일 삼각동맹을 위태롭게 하면서까지 경제보복을 가한 것은 한국 대법원의 강제징용 판결 때문이었다. 설령 미일관계에 악영향을 주고 한미일 삼각동맹에 악영향을 주는 한이 있더라도 징용의 불법성, 더 나아가 대일본제국의 불법성만큼은 인정하지 않겠다는 아베 정권의 굳은 의지를 과시하는 일이었다.

강제징용뿐 아니라 위안부 문제에서도 아베 정권은 미국의 뜻을 거스를 수 있음을 보여주고 있다. 2007년에 미국 하원은 위안부가 강제연행되고 성노예로 착취됐음을 인정하는 위안부 결의안을 통과시켰다. 예전 같으면 미국 하원에서 이런 결의가 나오면 일본 정부가 알아서 슬슬 기었을 것이다. 하지만 아베 신조는 고노담화와 미국 하원 결의안에서 인정된 강제연행 및 성노예 부분을 지속적으로 부정하고 있다. 아직은 미국의 위세에 눌려 고노담화를 공식 파기하지 못하지만, 변죽을 울리는 방식으로 고노담화와 하원 결의안을 끊임없이 흔들어대고 있다. 이는 위안부 문제와 관련해서도 일본이 미국을 거스를 가능성이 있음을 보여주는 증표라고 해석할 수 있다.

아베 신조의 임기는 2021년에 끝난다. 임기가 연장될 가능성도 있지만, 아베는 가급적 그 전에 평화헌법 개정과 군사대국화 등을 마무리하고자 한다. 일정 등을 감안할 때 쉽지 않은 일이지만, 2020년 도쿄 올림픽의 성패 여하에 따라 속도가 붙을 가능성도 없지 않다.

아베의 길에 방해가 되는 것이 있다. 대일본제국의 영광을 금가게 하는 일이 그것이다. "일본제국의 정당화가 아베 정권의 핵심적 가치"라고 무토는 위 기고문에서 강조했다. 이 같은 정당화를 위해 아베는 "위안부는 일본군을 위해 자발적으로 복무한 신민臣民들이며 이들이 강제연행되거나 성노예로 착취당한 사실은 없다"는 선전전을 더욱 가열차게 전개할 가능성이 있다.

이 같은 아베 정권의 흐름에 맞춰 한국의 뉴라이트와 극우도 투쟁의 기치를 높이게 될 것이다. 이들이 얻고자 하는 것은 논쟁의 승리가 아니다. 그것은 기득권의 유지다. 동아시아에서 보수세력의 기득권을 유지하고자 하는 게 아베 정권과 한국 뉴라이트의 공동 목표다.《반일 종족주의》에 대한 대응은 그들 전부에 대한 대응이다.《반일 종족주의》비판에 신념을 걸지 않으면 안 되는 이유가 바로 그것이다.

2020년 2월

김종성

# 참고문헌

---

## 1. 기본 도서

이영훈 외 5인, 《반일 종족주의》, 미래사, 2019.

## 2. 단행본

국사편찬위원회, 《고등학교 국사》, 2007.

모리카와 마치코, 김정성 옮김, 《버마전선 일본군 위안부 문옥주: 문옥주 일대기》, 아름다운사람들, 2005.

민족문제연구소·일본군위안부연구회, 《반일 종족주의 긴급진단 역사부정을 논박한다》(자료집), 2019.

박유하, 《화해를 위해서》, 뿌리와이파리, 2015.

송건호, 《한국 민족주의의 탐구》(송건호 전집 07), 한길사, 2006.

신용하, 《조선토지조사사업 연구》, 지식산업사, 1982.

아돌프 히틀러, 황성모 옮김, 《나의 투쟁》, 동서문화사, 2014.

아오키 오사무, 《일본회의의 정체》, 율리시즈, 2017.

안병직 외 12인, 《근대 조선의 경제구조》, 비봉출판사, 1989.

안병직·이영훈, 《대한민국 역사의 기로에 서다》, 기파랑, 2007.

이근식, 《애덤 스미스의 국부론 읽기》, 세창미디어, 2013.

이영훈 외 3인, 《근대 조선 수리조합 연구》, 일조각, 1992.

이영훈·김승욱, 《경제 교과서 무엇이 문제인가?》, 두레시대, 2006.

조정래, 《아리랑》, 해냄, 1994.

## 3. 논문

도시환, 〈을사늑약의 국제법적 문제점에 대한 재조명〉, 《국제법학회논총》 제60권 제4호, 국제법학회, 2015.

류석춘, 〈북한 친일청산론의 허구와 진실〉, 《시대정신》 봄호, 시대정신, 2013.

박상수, 〈중국의 친일한간 청산 일고—考〉, 《중국학보》 제55집, 2007.

박태균, 〈뉴라이트의 등장과 역사인식 논쟁〉, 《황해문화》 제56호, 새얼문화재단, 2007년.

山本有造, 〈金洛年 著 日本帝國主義下の朝鮮經濟〉, 《歷史と經濟》, 政經史學會, 2004.

신용하, 〈일본제국주의 옹호론과 그 비판〉, 《한국독립운동사 연구》 제6집, 독립기념관 한국독립운동사연구소, 1992.

운노 후쿠죠, 이진호 옮김, 〈한국 측도사업과 조선 민중의 저항〉, 《측량과 지적》 제 3호, 대한지적사학회, 2006.

이영훈, 〈이승만의 정치·경제사상〉, 《제도와 경제》 제13권 제2호, 한국제도경제학회, 2019.

이준규, 〈일본 신민족주의와 신보수주의: 아베 정권과 일본 신보수의 면면〉, 《통일한국》 제279권, 평화문제연구소, 2007.

임호민, 〈삼척군 원덕면 일대 임야측량 사건과 산림자원의 약탈〉, 《지방사와 지방문화》 제19권 제1호, 역사문화학회, 2016.

전영길·이성익, 〈토지조사사업을 통한 일제의 토지수탈 사례 연구〉, 《한국지적정보학회지》 제19권 제3호, 한국지적정보학회, 2017.

정상호, 〈미국의 네오콘과 한국의 뉴라이트에 대한 비교 연구: 정책이념·네트워크·정책의 형성 및 발전 과정을 중심으로〉, 《한국정치학회보》 제42집 제3호, 한국정치학회, 2008.

조동걸, 〈신용하 저 조선토지조사사업 연구〉, 《역사학보》 제99권·제100권, 역사학회, 1983.


**4. 사료**
《고종실록》, 1905년 12월 16일자.
신채호, 《꿈하늘》.
_____ , 《을지문덕전》.
_____ , 《조선상고사》.
외무부, 《제6차 한일회담 재산청구권 관계 종합자료집》, 1961.
일연, 《삼국유사》.
《세종실록》 〈지리지〉.


**5. 언론보도·영화 및 기타**
〈원안을 중심中心 토의討議〉, 《경향신문》, 1948년 8월 27일자.
〈징용한인 임금 공탁된 채 남아〉, 《한겨레》, 1991년 6월 11일자.
〈일제 종군위안부 군사우편저금, 일日 저축금 원부서 확인〉, 《한겨레》, 1992년 5월 13일자.
〈일군日軍 위안부 문옥주 할머니 숨져〉, 《매일신문》, 1996년 10월 26일자.

〈일본, 시효 지났다면서 아직 공탁금 보관〉,《오마이뉴스》, 2009년 4월 16일자.

〈위안부 피해자 고 문옥주 증언, 기록 일치〉,《연합뉴스》, 2016년 5월 17일자.

〈河村直哉の時事論: 反日種族主義, 敬意を表したい〉,《産経新聞》, 2019년 11월 19일자.

2019년 8월 12일 〈MBC 스페셜〉.

다큐멘터리 영화 〈주전장主戰場〉.

신채호, 〈조선혁명선언〉.

〈李承晩大統領は反日の政治家ではなかった！ベストセラ—『反日種族主義』著者
    が語る日韓の歴史〉(https://shuchi.php.co.jp/voice/detail/7075?p=2),《Voice》,
2019년 12월호.

# 반일 종족주의, 무엇이 문제인가
역사를 바로잡기 위한 《반일 종족주의》 비판

초판 1쇄 인쇄 2020년 02월 21일
초판 1쇄 발행 2020년 02월 28일

지은이 김종성
펴낸이 연준혁

편집 1본부 본부장 배민수
편집 4부서 부서장 김남철
편집 신민희
디자인 신나은

펴낸곳 (주)위즈덤하우스 미디어그룹
출판등록 2000년 5월 23일 제13-1071호
주소 경기도 고양시 일산동구 정발산로 43-20 센트럴프라자 6층
전화 031)936-4000 팩스 031)903-3893
홈페이지 www.wisdomhouse.co.kr

값 15,000원 ⓒ김종성, 2020
ISBN 979-11-90630-17-7 03900